Grammatik für die 7./8. Klasse

*Grammatikprobleme –
verstehen, üben, beherrschen*

*Von Volker Allmann, Juliane Martinsen
und Michael Schlemminger-Fichtler*

Mentor Verlag München

Volker Allmann: Regierungsschulrat und schulfachlicher Dezernent
für Gesamtschulen beim Regierungspräsidenten in Düsseldorf,
vormals Rektor und Stufenleiter der städtischen Gesamtschule
und Fachberater Deutsch an Gesamtschulen.

Juliane Martinsen: Realschulrektorin;
Abteilungsleiterin an der Gesamtschule Monheim/Rhld.

Michael Schlemminger-Fichtler: Studiendirektor, Schulleiter der
Gesamtschule Monheim/Rhld.

Illustrationen von Pieter Kunstreich

Auflage: 5. 4. 3. 2. 1. | Letzte Zahlen
Jahr: 1990 89 88 87 86 | maßgeblich

© 1986 by Mentor-Verlag Dr. Ramdohr KG, München
Druck: Druckhaus Langenscheidt, Berlin
Printed in Germany, ISBN 3-580-64170-0

Vorwort

Grammatik – ein Buch mit sieben Siegeln?

Die Grammatik ist das Rückgrat jeder Sprache. Und wie im menschlichen Skelett alle Knochen und alle Gelenke eine Funktion haben, aufeinander abgestimmt und eingespielt sind, so funktioniert auch das grammatische „Skelett" unserer Sprache. Die Grammatik ermöglicht es uns, von Vergangenem zu berichten (Präteritum/Imperfekt), zu hoffen, zu wünschen, von Möglichkeiten zu träumen (Konjunktiv) oder an die Zukunft zu denken, zu planen (Futur).

Grammatik ist keineswegs langweilig, sondern eine höchst lebendige Sache, die immer mehr Spaß macht, je besser man sie beherrscht und mit ihr umgehen kann.

Sie ist auch eine höchst nützliche Sache für den Fremdsprachenunterricht, denn, wer die Grammatik seiner Muttersprache beherrscht, lernt eine fremde Sprache leichter.

Wir haben in diesem Buch versucht, Dir die Zusammenhänge und Funktionen der deutschen Grammatik (‚Sprachlehre' sagen manche) an Beispielen anschaulich und verständlich zu machen. Nun bist Du dran!

Wie Du mit dem Buch arbeiten kannst? Auf verschiedene Weise: Zum Beispiel kannst Du Dir an Hand des Stichwortverzeichnisses (Seite 149) die grammatischen Probleme heraussuchen, die Dir unklar sind. Das betreffende Kapitel solltest Du dann aber ganz durcharbeiten, systematisch von Anfang bis Ende; und auch alle dazugehörenden Übungen, die Du anschließend mit dem Lösungsheft (hinten im Buch) vergleichen kannst. Die mit Ü bezeichneten Übungen kannst Du im Buch lösen; für die mit Ü solltest Du Dir ein Übungsheft zulegen.

Natürlich kannst Du auch das Buch von vorn bis hinten nacheinander durcharbeiten, jeden Tag ein kleines Unterkapitel. Und Du kannst auch mit Deinem/er Freund/in zusammenarbeiten so wie Sven und Katja in unserem Buch.

Außer dem Inhaltsverzeichnis vorn und dem Stichwortverzeichnis hinten und dem beigelegten Lösungsheft findest Du auf Seite 146 auch noch eine Erklärung aller im Buch vorkommenden grammatischen Begriffe. Wir haben absichtlich im Text anfangs die deutschen Grammatikbegriffe noch neben den lateinischen genannt für diejenigen von Euch, die hierin noch nicht sicher sind. Ihr müßt Euch aber mehr und mehr an die lateinischen Begriffe gewöhnen, damit Ihr auch im Fremdsprachenunterricht Mißverständnisse und Fehler vermeidet.

Also – viel Spaß und guten Erfolg!

Volker Allmann
Juliane Martinsen
Michael Schlemminger-Fichtler

Quellenhinweise:

(1) „Die Burg der Kinder" (frei nacherzählt), aus „Ansichten, Lesebuch 6. Schuljahr" von W. Klose;
(2) „Französische Gespenstergeschichten" von H. Rauschning, S. Fischer Verlag, Frankfurt; (3) „Feuer um Mitternacht" von Boy Lornsen, Thienemann Verlag, Stuttgart; (4) „Herrn K's Lieblingstier" von Bert Brecht, Suhrkamp Verlag, Frankfurt; (5) „Bericht des Bundesbeauftragten für Datenschutz, Baumann" von H. Schweden (leicht gekürzt und verändert), aus Rheinische Post vom 6. 2. 85; (6) „Selbstanzeige, Schriftsteller im Gespräch" von W. Koch, S. Fischer Verlag, Frankfurt.

Inhalt

7

Grammatik, Grammatik . . .

Ja, ohne Grammatik geht's wirklich nicht; nicht in Deutsch und schon gar nicht, wenn du eine Fremdsprache lernen willst z. B. Englisch, Französisch, Italienisch . . .
Die Grammatik ist sozusagen das Rückgrat einer jeden Sprache. Das merkt Sven auch, als er am Montag in der fünften Schulstunde ein ‚Briefchen' von Katja erhält.

Sven wird daraus nicht schlau. Hätte Katja bloß ein Komma gesetzt, dann wüßte er, wann er kommen soll: heute nachmittag oder morgen . . . Sven grinst. Er merkt plötzlich, daß der Grammatikunterricht doch nicht so weit weg ist von seinem Leben, wie er früher oft glaubte.

> An Sven!
> Komm heute nachmittag nicht morgen!
> Katja

Am Nachmittag . . .
Katja versucht noch einmal im Schnellverfahren, Sven die Zeichensetzung zu erklären, indem sie ihm erläutert, welche Gliedsätze es gibt. Nach einer Stunde protestiert Sven. Er hat das Gefühl, noch weniger zu verstehen als vorher.

Also, ich halt's nicht mehr aus: Diese Fremdwörter erschlagen mich!

Quatsch. Kennst du nicht das Lied: „Schlag nach bei Shakespeare?" Ich sing dir's jetzt anders: Schlag nach bei Mentor, denn da steht was drin. Kommst du mit Mentor, sind alle Lehrer hin . . .

Komplexe Sätze

Gliedsätze, Satzreihe, Satzgefüge

Sven (S) fragt Katja (K), wie man einen Gliedsatz erkennt.
Katja foppt Sven und antwortet nur in Gliedsätzen.

S: Also, du bist doch immer so schlau, was sind denn nun deine Gliedsätze?

K: Paß auf! . . . weil du nie richtig aufpaßt!

S. ? ? ?

K: Als wir das lernten . . .

S: Sprich mal richtig deutsch mit mir!

K (lacht): Wenn man mitmacht . . .

S: Ja, Mensch, was ist denn dann?

K: Siehst du, bald hast du's!

S: Ich geh kaputt!

K: . . . daß ich etwas von dir bekomme.

S: Ich kann dich nicht verstehen, du redest so komisch, so unverständlich!

K: Toll, Sven, du hast eben eine wichtige Eigenschaft von Gliedsätzen herausgefunden. Das ist die erste Regel, die du dir merken mußt!

Merke dir:

> **Ein Gliedsatz gibt allein keinen Sinn.**

Katja schreibt Sven die Gliedsätze noch einmal auf:

. . . weil du nie richtig aufpaßt.

Als wir das lernten . . .

Wenn man mitmacht . . .

. . . daß ich etwas von dir bekomme .

Sie umringelt das erste und das letzte Wort.

K: Na, Sven, fällt dir was auf?

S: Klar, so blöd bin ich nun auch nicht: am Ende steht ein Verb. Am Anfang . . . das fällt mir später sicher ein.

K: Gut, Sven, das mußt du dir als zweite Regel merken.

Merke dir:

> **Am Ende des Gliedsatzes steht immer das konjugierte Verb.**

Was hat der Gliedsatz mit dem Satzglied zu tun?

Schon das Wort „Gliedsatz" bringt dir sicher die Umkehrung „Satzglied" in Erinnerung.
Beides hängt eng zusammen:
Ein Gliedsatz ist ein entfaltetes Satzglied.
Man kann auch sagen: ein umgeformtes Satzglied.
So wie das Satzglied ohne den übrigen Satzzusammenhang sinnlos wird, so ergibt auch ein einzelner Gliedsatz keinen Sinn.

Komplexe Sätze
Gliedsätze, Satzreihe, Satzgefüge

Die Frage, die man stellt, um ein Satzglied zu
bestimmen, gilt auch für den daraus entfalte-
ten Gliedsatz.
Die folgenden Beispiele zeigen dies:

1. Beispiel

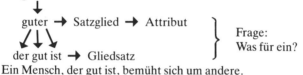

Ein guter Mensch bemüht sich um andere.

guter → Satzglied → Attribut

der gut ist → Gliedsatz

Frage:
Was für ein?

Ein Mensch, der gut ist, bemüht sich um andere.

2. Beispiel

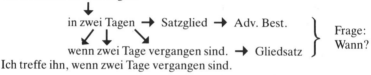

Ich treffe ihn in zwei Tagen.

in zwei Tagen → Satzglied → Adv. Best.

wenn zwei Tage vergangen sind. → Gliedsatz

Frage:
Wann?

Ich treffe ihn, wenn zwei Tage vergangen sind.

3. Beispiel

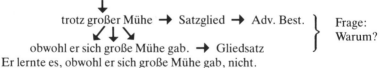

Er lernte es trotz großer Mühe nicht.

trotz großer Mühe → Satzglied → Adv. Best.

obwohl er sich große Mühe gab. → Gliedsatz

Frage:
Warum?

Er lernte es, obwohl er sich große Mühe gab, nicht.

Die Gliedsätze heißen:
1. ..., der gut ist, ...
2. ..., wenn zwei Tage vergangen sind.
3. ..., obwohl er sich große Mühe gab.

Jeder Gliedsatz ergibt allein keinen Sinn, er braucht immer einen Hauptsatz, um sinnvoll zu
werden.

Was ist ein Hauptsatz?

Was ist ein Hauptsatz, was gehört mindestens dazu?

Beispiel

$$\underbrace{\text{Das Kind}}_{\substack{\text{wer?} \\ \downarrow \\ \textbf{Subjekt}}} \quad + \quad \underbrace{\text{weint}}_{\substack{\text{Was tut es?} \\ \downarrow \\ \textbf{Prädikat}}} \quad \begin{array}{l}\text{(Wie verhält es sich,} \\ \text{was wird von ihm ausgesagt?)}\end{array}$$

Merke dir:

> **Jeder Hauptsatz muß ein Subjekt und ein Prädikat haben.**

Alle anderen Satzglieder sind <u>Erweiterungen</u> (E), die du gegebenenfalls auch weglassen kannst, ohne daß der Satz grammatisch unvollständig und damit unverständlich wird.
Der Beispielsatz oben kann so erweitert werden:

a) Das Kind weint ...

im Bett	lange	über seinen Hund.
E 1	E 2	E 3
(Adv. Best.)	(Adv. Best.)	(Präp. Objekt)

Die Erweiterung kann auch so aussehen:

b) Das Kind weint

nette	des Nachbarn,	eine gute Schülerin,	in seinem Zimmer.
E 1	E 2	E 3	E 4
(Attrib.)	(Attrib.)	(Apposition)	(Adv. Best.)

Die Sätze a) und b) zeigen, daß die Anzahl der Erweiterungen beliebig ist, daß sie aber alle weggelassen werden können, ohne daß der Satz „Das Kind weint" unverständlich wird.

11

Komplexe Sätze
Gliedsätze, Satzreihe, Satzgefüge

Was ist eine Satzreihe? Was ist ein Satzgefüge?

Zwei Hauptsätze kannst du verbinden, so daß
<u>ein Satz</u> daraus wird. Die Hauptsätze können
kurz sein:

Das Flugzeug fliegt☉   Tom wartet.

   Hauptsatz 1   Hauptsatz 2

Die Hauptsätze können auch lang sein:

Das schnelle Flugzeug der Lufthansa fliegt ruhig über den Atlantik☉

Hauptsatz 1

der ungeduldige Tom wartet sehnsüchtig auf seine Freundin Marion.

Hauptsatz 2

Merke dir:

> **Zwei Hauptsätze zusammen bilden die <u>Satzreihe</u>. Zwischen den Hauptsätzen steht immer ein Komma.**

Nun kann man aus Satzgliedern des Hauptsatzes, wie du eben gesehen hast, Gliedsätze
machen.

Zum Beispiel so:

         . . . der Lufthansa

Das schnelle Flugzeug☉   das der Stolz der LH ist☉   fliegt ruhig über den Atlantik.

  Hauptsatz   Gliedsatz   Hauptsatz
    ↓   ↓
  Anfang   Ende

         . . . sehnsüchtig

Der ungeduldige Tom wartet☉   weil er sehnsüchtig ist☉   auf seine Freundin Marion.

  Hauptsatz   Gliedsatz   Hauptsatz
    ↓   ↓
  Anfang   Ende

Satzreihe
Satzgefüge

Merke dir:

> **Ein Hauptsatz und ein Gliedsatz bilden das Satzgefüge.**
> **Der Gliedsatz wird vom Hauptsatz durch Komma abgetrennt.**

Bei der Anwendung dieser Regel spielt es keine Rolle, <u>wo</u> der Gliedsatz steht:

Weil er hungrig ist, miaut der wilde Kater unter dem Fenster.

Gliedsatz am Anfang

Der wilde Kater miaut unter dem Fenster, weil er hungrig ist.

Gliedsatz am Ende

Der wilde Kater miaut, weil er hungrig ist, unter dem Fenster.

Gliedsatz in der Mitte

Satzreihe und Satzgefüge werden durch Konjunktionen verbunden

Sven: Katja, du wolltest mir noch sagen, was am Anfang deiner Gliedsätze steht.

Katja: Am Anfang dieser Gliedsätze steht eine Konjunktion.

(Blättere zurück auf S. 9!)

Merke dir:

> **Ein Kennzeichen der meisten Gliedsätze ist ein Einleitewort, d. h. eine Konjunktion oder**
> **ein Pronomen leitet den Gliedsatz ein.**

K: Man setzt die Konjunktion ein,
       die zum Inhalt des Satzes paßt.
       Guck mal hier, Sven!
       Du könntest sagen:
       Die Katze weint.
       Diesen Satz kannst
       du natürlich fortsetzen.
       Du wählst die Konjunktion,
       die logisch zum Gliedsatz paßt.

Komplexe Sätze
Gliedsätze, Satzreihe, Satzgefüge

Die Katze weint . . .

modal
als ob
sie nicht aufhören könnte.
Frage: Wie?

temporal
seit
ihr Freund weggelaufen ist.
Frage: Wann?

. . .

kausal
weil
sie jetzt allein ist.
Frage: Warum?

final
daß
man Mitleid mit ihr hat.
Frage: Wozu?

konsekutiv
so daß
alle anderen Kater näher kommen.
Frage: Mit welcher Folge?

konditional
wenn
keiner sie trösten kommt.
Frage: Unter welcher Bedingung?

Man wählt die Konjunktion, die am sinnvollsten das inhaltliche Verhältnis zweier Sätze ausdrückt.

Konjunktionen können Satzreihen und Satzgefüge verbinden.

Beispiel für die **Satzreihe**

     Die Katze freut sich⊙ der Kater kommt zurück.
Die Konjunktion „denn" kann hier verbinden.

     Die Katze freut sich⊙ denn der Kater kommt zurück.

Komma im Satzgefüge

Merke dir die Regel zur Zeichensetzung:

**Zwei Hauptsätze werden immer durch Komma getrennt,
auch wenn sie durch eine Konjunktion verbunden sind.**

Beim **Satzgefüge** sieht es so aus:
Beispiel

Die Katze streicht mir um die Beine⊙ weil sie Hunger hat.

→ Konjunktion

Hauptsatz   Gliedsatz

Hauptsatz und Gliedsatz sind hier durch die Konjunktion „weil" verbunden.
Merke dir die Regel zur Zeichensetzung:

**Hauptsatz und Gliedsatz werden fast immer durch ein Komma getrennt,
auch wenn sie durch eine Konjunktion verbunden sind.**

Nun aber mußt du aufpassen, es gibt von dieser Regel eine Ausnahme!
Beispiel

a) Die Katze streicht mir um die Beine   ⊖   und
                                                       ↓ schnurrt dabei.

Hauptsatz   Konjunktion   Gliedsatz

b) Die Katze streicht mir um die Beine   ⊖   oder
                                                       ↓ versucht zu naschen.

Hauptsatz   Konjunktion   Gliedsatz

Merke dir die Regel zur Zeichensetzung:

**Wenn ein Hauptsatz mit einem Gliedsatz
durch *und* oder *oder* verbunden ist,
darfst du <u>kein</u> Komma setzen!**

15

Komplexe Sätze
Gliedsätze, Satzreihe, Satzgefüge

Eine kleine „Eselbrücke" soll dir helfen, diese Regel anzuwenden: decke, wenn du unsicher bist, immer den Satzteil, der <u>vor</u> dem *und* steht, mit der Hand ab. Prüfe dann, ob der Satzteil, der <u>nach</u> dem *und* steht, die Frage nach einem Subjekt (Wer...?) und nach einem Prädikat (Was tut...?) beantwortet.

Wird die Frage nach <u>Subjekt</u> und <u>Prädikat</u> beantwortet, mußt du ein Komma setzen!

Wird die Frage nach dem <u>Subjekt</u> oder dem <u>Prädikat</u> nicht beantwortet, darfst du kein Komma setzen!

Prüfe dies an den Sätzen:

a) . . . . ⊖ und   schnurrt dabei.

　　　　　　　Wer schnurrt?
　　　　　　　Subjekt fehlt, kein Komma!

b) . . . . ⊖ oder   versucht zu naschen.

　　　　　　　Wer versucht zu naschen?
　　　　　　　Subjekt fehlt, kein Komma!

 Setze die passenden Konjunktionen in die Lücken!

a) Elfriede ist sauer, _____ sie eine Menge Abwasch hat.

b) Sie ärgert sich, _____ sie zum Wochenende von niemand eingeladen wurde.

c) Sie verzieht ihr Gesicht, _____ ihr Brot schmeckt so merkwürdig.

Konjunktionen

 Setze die Konjunktionen ein!

a) Er spielte so gut, _____ alle begeistert waren.

b) Ich komme morgen, _____ es dir paßt.

c) _____ sie es geahnt hätten, kamen sie früher.

d) _____ ich aufpasse, verstehe ich vieles.

e) Ich gebe dir das Geld, _____ du vertrauenswürdig bist.

 Unterstreiche im folgenden Satz die Konjunktionen!

Da die Sommerferien bald begannen, war eine gewisse Müdigkeit bei den Schülern zu merken, denn die Zensuren standen bereits fest, und auch die Lehrer wirkten nicht mehr so konzentriert, weil auch sie sich freuten, daß die Urlaubszeit vor der Tür stand.

Welche Konjunktion könnte jeweils die zwei Sätze verbinden? Schreibe die Sätze in dein Heft!

a) Sven vergaß Katjas Geburtstag. Er hatte sie sehr gern.
b) Das Kind reagiert merkwürdig. Es hatte einen Unfall.
c) Seine Arbeit fiel gut aus. Er konnte hervorragend abschreiben.
d) Peter paßte sehr selten auf. Er mußte das Schuljahr wiederholen.

Achte auf die Zeichensetzung!

Komplexe Sätze
Gliedsätze, Satzreihe, Satzgefüge

Übungen zur Zeichensetzung
bei Konjunktionalsätzen

 Ü 1 Setze das Komma!

a) Weil er sein Geschenk vergessen hatte
mußte er noch einmal zurück.

b) So kam er etwas später zum Geburtstag
und die anderen hatten schon mit dem
Kaffee begonnen.

c) Seine Freundin öffnete ihm da sie ihn
schon von weitem gesehen hatte.

d) Als er sie sah freute er sich über die Einladung.

e) Aber als sie ihm vor all seinen Klassenkameraden um den Hals fiel war es ihm doch
sehr peinlich.

 Ü 2 Setze das Komma!

a) Er wußte daß sie sich über den kleinen
Kalender sehr freuen würde obwohl sie
vorher keine Wünsche äußern wollte.

b) Seit sie befreundet waren hatte er ihr noch
kein richtiges Geschenk gemacht denn dazu fehlte ihm bisher der Mut.

c) Obgleich er sonst eigentlich nicht zu den
ängstlichen Jungen zählte war seine erste
Freundschaft mit einem Mädchen doch
sehr aufregend für ihn da er sich von seinen Freunden so beobachtet fühlte.

d) Als ihm das zuviel wurde bat er seinen
Lehrer um das Thema „Freundschaft" im
Unterricht damit die blöden Anspielungen
aufhörten.

e) Auch seine Freundin fand das gut denn die
Mädchen verhielten sich nicht anders als
die Jungen und kicherten am laufenden
Band über ihre Freundschaft.

 Ü 3 Setze das Komma!

a) An dem Tag als der Lehrer das Thema
„Freundschaft" angesetzt hatte waren alle
sehr aufgeregt und keiner wollte mit dem
Gespräch beginnen denn jeder fürchtete
das Grinsen der anderen und blieb lieber
still.

b) Da kein Schüler beginnen wollte erleichterte der Lehrer seinen Schülern den Gesprächsanfang indem er aus dem Buch
„Ben liebt Anna"*) vorlas und sich auch
nicht von den vielsagenden Blicken einiger
Schüler aus der Ruhe bringen ließ denn er
wußte aus Erfahrung daß die Schüler
durch dieses Buch bald ihre Ängste vergessen würden.

c) Der Lehrer setzte das Buch an den Anfang
der Unterrichtsreihe und merkte schnell
daß er richtig vermutet hatte denn seine
vierzehnjährigen Schüler fanden den Einstieg in das Thema durch die Erinnerung
an eigene kindliche Erlebnisse.

d) Obgleich ein paar Schüler Härtlings Buch
blöd fanden waren die meisten Schüler
nachdem man die Lektüre beendet hatte
doch gesprächsbereit weil der Lehrer auch

---

*) „Ben liebt Anna" von Peter Härtling.

18

Zeichensetzung
Übungen

unverkrampft die Schilderung dieser beiden Kinder mit dem Verständnis Jugendlicher von Freundschaft verglich.

e) Als die achte Klasse dann in die Jugendherberge fuhr war vieles einfacher für die Schüler denn die vertrauensvollen Gespräche im Deutschunterricht hatten zur Folge daß die Freundschaften untereinander ohne gemeine Anspielungen und Hänseleien bestehen konnten.

Übungen zur Zeichensetzung
bei Satzreihen und Satzgefüge

 Unverbundene Satzreihen.
Setze das Komma!

a) Das Auto deines Vaters sieht ganz gut aus unser Auto fährt aber besser.

b) Das Kind weinte es hatte seinen Schlüssel verloren.

c) Er glaubte ihr nichts mehr sie verließ ihn deshalb bald.

d) Das Geschäft lief gut der Gewinn ließ sich sehen.

e) Wir wollten auf der Weide zelten der Bauer aber vertrieb uns.

f) Im Winter kommen die Rehe bis ans Haus im Sommer bleiben sie scheu im Wald.

g) Nur wenige Eskimos leben noch wie vor 100 Jahren die meisten haben schon zivilisatorische Erleichterungen.

 Verbundene Satzreihen.
Setze das Komma!
Unterstreiche die Konjunktion!

a) Der Hund näherte sich vorsichtig denn er fürchtete sich.

b) Er wußte den Weg nicht mehr aber seine Frau war auch ratlos.

c) Ich half ihr aber gern tat ich es nicht.

d) Mein Vater raucht Zigarren doch früher rauchte er Zigaretten.

e) Sein Kichern war gräßlich denn er erstickte fast daran.

f) Er spielte auf der Orgel und die Kinder sangen dazu.

 Verbundene Satzreihen.
Setze das Komma!
Unterstreiche in jedem Satz das Subjekt!
Umrande die Konjunktion!

a) Ich hatte keine Lust abzuwaschen denn ich wollte meine Freundin besuchen.

b) Er muß einfach zustimmen oder ich kann ihm auch nicht mehr helfen.

Komplexe Sätze
Gliedsätze, Satzreihe, Satzgefüge

c) In der Regel mache ich meine Hausaufgaben gleich nach dem Mittagessen aber heute hatte ich komischerweise zu nichts Lust.

d) Der Vitamine wegen hält meine Mutter frisches Gemüse für unersetzlich deshalb kommt es bei uns täglich auf den Tisch.

e) Viele Leute besuchten die verlängerte Ausstellung moderner Kunst in Düsseldorf auch Leute aus Hamburg kamen angereist.

„Sagenhaft!"

b) Ein großer Teil der Schüler hat einfach keine Lust zu den Hausaufgaben nur wenige erkennen schon früh die Notwendigkeit.

c) Kurz vor den Zeugnissen strengen sich viele enorm an und einige erreichen so tatsächlich das Klassenziel.

d) Der Fleiß ist das wirkliche „Geheimnis" des Schulerfolgs denn die oft genannte Intelligenz ist nur eine unter vielen Voraussetzungen.

e) Die Lehrer schätzen den „Saisonarbeiter" in der Regel wenig aber sie müssen ihn bei ausreichenden Leistungen zum Jahresende versetzen.

f) Die Schüler schimpfen am Ende des Jahres zu Recht über die Flut von Klassenarbeiten doch daran haben sie bisher mit ihrem Protest nicht viel ändern können.

 Verbundene Satzreihen.
Setze das Komma!
Umrande die Konjunktion!
Unterstreiche jeweils das Subjekt!

a) Mancher Schüler braucht die tägliche Kontrolle bei den Hausaufgaben denn erst dann gibt er sich die notwendige Mühe.

 Komma vor „und"?
Setze das Komma – falls nötig!

a) Viele Leute kamen in den Konzertsaal und schnell waren alle Plätze besetzt.

b) Endlich kamen die Musiker und begannen mit dem Stimmen ihrer Instrumente.

c) Wir hatten einen etwas abseits gelegenen Platz und ich mußte mich während des Konzerts weit vorbeugen.

d) Das Konzert wurde begeistert aufgenommen und am Schluß mit viel Beifall bedacht.

Setze das Komma!

e) Mein Freund spielt selbst ein Instrument und übt oft tagelang dasselbe Stück.

f) Man hört ihm schon gern zu und meist staunen die Besucher über seine schnellen Fortschritte.

Ü 1 Satzgefüge.
Setze das Komma!

a) Ich konnte nicht helfen da ich krank war.

b) Mein großer Bruder ging hin obwohl er viel zu tun hatte.

c) Ich ging am nächsten Tag hin weil ich mich schon besser fühlte.

d) Die Leiterin begrüßte mich freundlich als ich ankam.

e) Während die anderen die Weihnachtsvorbereitungen machten stellte man mich erst einmal vor.

f) Ich war dann sehr froh daß alles noch geklappt hatte.

Ü 2 Setze das Komma!
Unterstreiche den Gliedsatz!

a) Er mußte daheim bleiben‚ weil er zum Arzt mußte‚ denn sein Bein tat weh.

b) Meine Mutter war‚ nachdem sie vergeblich auf ihre Freundin gewartet hatte‚ allein zum Einkaufsbummel gefahren.

c) Er aß am Kiosk mit Vergnügen‚ während er laut schmatzte‚ eine Bockwurst.

d) Tim saß am Schreibtisch und arbeitete sehr konzentriert‚ denn für den nächsten Tag hatte der Lehrer eine Mathematikarbeit angesetzt.

e) Er gab mir eine schlechte Note und schimpfte mich aus‚ obwohl ich mich doch angestrengt hatte.

f) Wenn es regnete‚ las Peter ein Buch oder er bastelte etwas im Keller.

g) Als der Morgen kam‚ hörte er den Berufsverkehr‚ obwohl er sich unter die Decke verkrochen hatte.

h) Als sein kleiner Hund verschwunden war‚ suchte der Junge so lange‚ bis er ihn endlich fand.

i) Die Hälfte der Arbeiter streikte und‚ die Werksleitung war machtlos‚ denn sie war an Verträge gebunden‚ obwohl diese Protestkundgebung sie ärgerte.

Komplexe Sätze
Gliedsätze, Satzreihe, Satzgefüge

 Male Satzbilder von den Sätzen aus **Ü 2** in dein Heft!

Für den Hauptsatz (= HS) nimmst du einen doppelten Strich.
Für den Gliedsatz (–GS) nimmst du einen einfachen Strich.
Sind mehrere HS oder GS im Satz, numerierst du sie:
HS_1, HS_2 usw. GS_1, GS_2
Wird ein HS z. B. durch einen GS unterbrochen, verbindest du die Teile des HS durch einen Bogen.

Beispiel 1

Der Mann kehrte heim, und die ganze Familie freute sich.

$$\underline{\underline{\qquad HS_1 \qquad}} , \quad \underline{\underline{\quad HS_2 \qquad\qquad}}$$

Beispiel 2

Der Mann kehrte, nachdem er Jahre in der Gefangenschaft gewesen war, heim zu seiner Frau.

 Setze das Komma!

a) Mein Bruder Matthias hatte Geburtstag, deshalb wollte ich ihm einen Kuchen bak-ken, denn ich wußte, daß ich ihm damit eine große Freude machen würde.

b) Ich ging in die Küche, bat aber bald meine Mutter, daß sie helfen sollte, bis der Kuchen im Herd war.

c) Anschließend sah ich mir den Karl May Film im Wohnzimmer an und vergaß meinen Kuchen völlig.

d) Winnetou starb, und ich heulte wie ein Schloßhund, so traurig fand ich diesen Teil.

e) Die befreundeten Indianerstämme begleiteten Winnetou mit Rauchzeichen auf seinem letzten Weg, und ich war wirklich tief beeindruckt, bis mein Bruder hereinkam.

22

Setze das Komma!

f) Er zog sein Taschentuch heraus und trö-
stete mich verständnisvoll, bis er meinte,
daß es auch in der Wohnung nach „Rauchzeichen" röche.

g) Mit einem Schlag vergaß ich Winnetou
und sein Begräbnis, lief den „Rauchzeichen" nach in die Küche und zog einen
völlig verkohlten Kuchen aus der Herd-
röhre.

h) Mein Bruder folgte mir überrascht, weil er
keinen verbrannten Kuchen vermutete,
nahm mich dann laut lachend in die Arme
und nannte mein schwarzes Produkt den
„Winnteou-Begräbnis-Kuchen".

Komplexe Sätze
Adverbialsätze → *Grammatik*

Adverbial- und Konjunktionalsätze

Sven und Katja

K: Guck mal, Sven, ist das nicht witzig?
Sie zeigt ihm die Zeichnung von Pieter
Kunstreich.

S: Klasse, ist ja auch wirklich so:
beim Betrachten moderner Kunst macht
jeder ein dummes Gesicht.

K: Du kannst auch sagen:
wenn die Leute moderne Kunst betrachten, machen sie ein dummes Gesicht.

S: Ist das nicht dasselbe?

K: Inhaltlich ja, beide Male kannst du **wann?**
fragen.
Bei dir ist es eine *adverbiale Bestimmung der Zeit* und ich habe einen *Gliedsatz* daraus gemacht.

Adverbiale Bestimmung   **Gliedsatz**

Beim Betrachten . . .   ***Wann?***   Wenn die Leute . . . betrachten.

Wann machen sie ein dummes Gesicht?

siehe Übung 3!

Zwei Tage später . . .
Sven trifft Katja. Er ist geknickt. Sein Lateinlehrer hat seiner Mutter einen Brief geschrieben. Darin heißt es unter anderem:

> „. . . *Nach meiner Kenntnis ist Sven recht
häufig mit seiner Mitschülerin Katja zusammen . . . Aus Mitleid habe ich ihn bereits zwei versäumte Klassenarbeiten nachschreiben lassen . . . Bis zum Ende des
Schuljahres ist nur noch wenig Zeit . . .
Wegen seiner schwachen Leistungen muß
ich ein Sitzenbleiben befürchten . . .*"

24

Konjunktionalsätze

Svens Mutter ist nicht gerade froh über diesen Brief. Sie diskutiert mit ihrem Sohn darüber und kommt mit ihm zu dem Entschluß, zukünftig mehr mit ihm zu üben.

Sven erzählt Katja das Wichtigste des Briefes: „Soweit er (der Lateinlehrer) das beurteilen könne, sei ich zu häufig mit dir zusammen. Er habe mich schon zwei Arbeiten nachschreiben lassen, weil er Mitleid mit mir gehabt habe. Es sei nur noch wenig Zeit, bis das Schuljahr zu Ende wär'. Er befürchte ein Sitzenbleiben, weil ich so schwache Leistungen hätte."

Katja tröstet Sven und bietet ihm ebenfalls ihre Mithilfe in Latein an. Nun kann ja nichts mehr schiefgehen!

Du hast sicher gesehen, daß zwischen dem Brief des Lateinlehrers und Svens mündlicher Wiedergabe ein Unterschied besteht. Erinnere dich:

> 1. Aus einer **adverbialen Bestimmung** kann man einen Gliedsatz machen.

> 2. Der Gliedsatz wird durch eine **Konjunktion** eingeleitet, weshalb er auch **Konjunktionalsatz** genannt wird.
> 3. Der Konjunktionalsatz wird vom übrigen Satz **durch Komma** abgetrennt.

 Unterstreiche die Konjunktionalsätze, die Sven in der mündlichen Wiedergabe des Briefes verwendet!

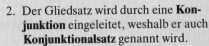 Schreibe die Fragen, auf die Konjunktionalsätze antworten, in dein Heft!

 Unterstreiche die adverbialen Bestimmungen im Brief des Lateinlehrers!

Wenn du in den vorhergehenden Übungen Fehler gemacht hast, solltest du **Ü 4** und **5** machen; hast du alles richtig, kannst du gleich **Ü 6** beginnen.

 Forme die adverbialen Bestimmungen zu Gliedsätzen um!
Vergiß das Komma nicht!

a) Bei Sonnenaufgang krochen die Kinder aus ihren Zelten.
b) Am Seeufer warteten sie auf die Eltern.

25

Komplexe Sätze
Konjunktionalsätze

c) Wegen des kalten Windes wollten die Erwachsenen nicht schwimmen.

d) Trotz mehrmaligen Rufens konnte man die Kinder nicht wieder aus dem Wasser bringen.

Präpositionen!

Ü 5

1. Unterstreiche die Konjunktionen!
2. Forme die Konjunktionalsätze zu adverbialen Bestimmungen um!

a) Bevor wir in die Stadt gingen, machten wir uns einen Einkaufszettel.

b) Als wir die Hotelhalle betraten, sahen wir die berühmte Sängerin.

c) Er machte uns darauf aufmerksam, daß wir die Aufgaben sorgfältig kontrollieren sollten.

d) Das Geschäft versprach ihm Preisnachlaß, wenn er bar bezahlte.

e) Obwohl wir in Eile waren, gaben wir dem Hausierer Geld.

Ü 6 Der folgende Text enthält Konjunktionalsätze und adverbiale Bestimmungen.

1. Verwandele alle Konjunktionalsätze in adverbiale Bestimmungen!
2. Verwandele alle adverbialen Bestimmungen in Konjunktionalsätze!

Ein Mädchen von heute

Erika hatte schon früh Abschied von ihrer kleinen Vaterstadt genommen. Obgleich sie noch völlig unerfahren war, nahm sie in London eine Stelle als Aupair-Mädchen an. Sie war in der Familie beliebt, denn sie war sehr fleißig. Durch ihre große Sparsamkeit hatte sie bald soviel Geld beisammen, daß sie sich die Übersiedlung nach New York leisten konnte.
Dort meldete sich Erika im Büro der Pan Am an.
Durch ihre guten Prüfungen war sie am Ziel aller Anstrengungen: Stewardess bei der Pan Am zu sein.
Zu Beginn des Jahres 1970 stieg sie zum ersten Mal mit dem „Riesenvogel" der PanAm in die Luft. Nicht alle ihr Vorstellungen wurden erfüllt, obwohl sie sehr viel erlebte. Sie bereute jedoch die einmal getroffene Entscheidung nicht.

Relativsätze

Nach Ablauf einiger Jahre hörte sie auf, da ihr die Berufspraxis der Stewardess trotz der vielen Auslandsaufenthalte zu eintönig war.

Relativsätze

Katja hat Geburtstag, sie wird vierzehn. Die letzte Geburtstagsfeier hat sie in keiner guten Erinnerung: es war einfach öde. Alle saßen nur herum, keiner wollte tanzen. So überlegt sie mit Sven, wie man das Fest retten könne. Sven schlägt vor, Scharade zu spielen. Am Abend kommen die Freunde. Sie ziehen erwartungsgemäß ein Gesicht, als sie hören, daß gespielt werden soll. Katja geht darüber hinweg und erklärt das Spiel.

Scharade

Wir bilden zwei Parteien, die sich gegenüber sitzen.
Jede Partei denkt sich Begriffe aus, die aus zwei Nomen bestehen.

Diese Wörter werden auf einzelne Zettelchen geschrieben; z. B. das Wort „Raupenschlepper".
Dann beginnt das Spiel.
Einer hat eine Stoppuhr, denn die Zeit, die gemessen wird, entscheidet den Sieg. Ein Spieler geht zur Gegenpartei, holt sich einen Zettel, den er nach dem Lesen an die Partei zurückgibt.
Er versucht dann das Wort, das er gelesen hat, durch Pantomime darzustellen.
Seine Partei, die ihn genau beobachtet, ruft ihm zu, was sie in der Darstellung vermutet. Er bestätigt durch kurze Worte oder Nicken, ob seine Mitspieler recht haben.
Sein Spiel und ihre Ratekunst entscheiden die Zeit, die für die „Vorführung" eingetragen wird.
Sind alle Spieler einer Partei drangewesen, spielen die Leute der anderen Partei.
Die Partei, die die niedrigste Zeit hat, hat gewonnen.

Der Geburtstag von Katja wird ein Erfolg. Alle Freunde bitten Katja um eine Abschrift der Spielanweisung. Sven hilft Katja dabei. Als sie die Texte vergleichen, sehen sie, daß Sven einiges anders geschrieben hat.

Komplexe Sätze
Relativsätze → beziehend

Katja
1. Einer hat eine Stoppuhr, denn die Zeit, die gemessen wird, entscheidet den Sieg.
   . . .
2. Seine Partei, die ihn genau beobachtet, ruft ihm zu, was sie in der Darstellung vermutet.

Sven
1. Einer hat eine Stoppuhr, denn die gemessene Zeit entscheidet den Sieg.
   . . .
2. Seine ihn genau beobachtende Partei ruft ihm zu, was sie in der Darstellung vermutet.

Katja hat zur genaueren Erklärung <u>Gliedsätze</u> verwendet:
In Satz 1.

      . . . die Zeit, die gemessen wird, . . .

In Satz 2.

      . . . seine Partei, die ihn genau beobachtet, . . .

Erinnere dich! Die Regeln zu den Gliedsätzen heißen:

1. Gliedsätze ergeben allein keinen Sinn.
2. Ein Kennzeichen der meisten Gliedsätze ist ein Einleitungswort, z. B. ein Pronomen.
3. Am Ende steht das konjugierte Verb.

Die Gliedsätze, die Katja verwendet, nennt man **Relativsätze.**

Merke dir!

1. **Relativsätze sind immer Gliedsätze.**
2. **Relativsätze werden meist durch Relativpronomen eingeleitet.**

Sven hat zur genaueren Erklärung auf Gliedsätze verzichtet:
Statt . . . die Zeit, die gemessen wird, . . .
sagt er
  . . . die gemessene Zeit . . .
Statt . . . seine Partei, die ihn genau beobachtet, . . .
sagt er
  . . . seine ihn genau beobachtende Partei . . .
Sven verwendet anstelle der Relativsätze vorangestellte Adjektivattribute.

Beide Schüler sagen inhaltlich dasselbe. Sie bestimmen das Nomen durch eine Erklärung, die Katja in Form eines Relativsatzes anhängt und Sven in Form eines Adjektivattributes voranstellt.

Katja und Sven sind nicht zufrieden. Jeder findet seine Formulierung besser als die des anderen. Vergleiche selbst und spiele „Schiedsrichter".

28

Relativpronomen
der, die, das

Überlege dir auch eine Begründung!
Schlag jetzt nach im Lösungsteil! Wie könnte
die Regel lauten?

Die Gliedsätze von Katja sind Relativsätze,
eingeleitet durch ein Relativpronomen.
Das Fremdwort „relativ" kennst du vielleicht
aus dem Englischen. Die „relatives" sind die –
manchmal – lieben Verwandten. Die Verwandten
haben eine Beziehung zu dir; dabei
spielt es keine Rolle, ob diese Beziehung gut
oder schlecht ist. – Im Deutschen haben wir
das Wort: relativieren = etwas in Beziehung
zu etwas anderem setzen; oder auch: relativ =
etwas wird in Bezug auf etwas anderes gesehen.
Langer Rede kurzer Sinn:
Merke dir:

Kreuze an:

a) Katjas Sätze sind besser.
b) Svens Sätze sind besser.
c) Katjas 1. Satz ist besser.
   Svens 2. Satz ist besser.
d) Svens 1. Satz ist besser.
   Katjas 2. Satz ist besser.

> **Ein Relativpronomen stellt eine Beziehung zum vorangehenden Nomen her.**

Beispiele

1. Ich kenne das Mädchen, das dort geht.
   Relativpronomen

2. Vermutlich ist das die Tür, die nach draußen führt.
   Relativpronomen

3. Der Matrose, der einen Rettungsversuch machte, fiel selbst ins Wasser.
   Relativpronomen

Merke dir:

> **Die Wörter *der, die, das* sind hier die *Relativpronomen*, denn sie leiten den Gliedsatz ein, der das vorhergehende Nomen näher erklärt.**

Komplexe Sätze
Relativsätze

Welche Relativpronomen gibt es?
Wie setzt man sie ein?

Katja und Sven kümmern sich um Achmed, der noch nicht lange in Deutschland ist. Achmed (= A.) bemüht sich, mit ihrer Hilfe Deutsch zu lernen.

K: Hallo, Achmed, hast du alles dabei?

A: Klar doch, Katja, hier ist Heft, den ich mitbringen sollte.

S: Ach, Achmed, daß du das aber auch immer vergißt: bei uns haben die Nomen einen Artikel!

A: Ja, Sven, du hast recht. Es heißt: hier ist die Heft, die ich mitbringen sollte.

Katja und Sven lachen.

K: Achmed, „Heft" ist sächlich und hat den Artikel „das"!

Achmed strahlt.

A: Alles klar, Katja, hier ist das Heft, den ich mitbringen sollte.

S: Fast richtig, Achmed, nur noch eine „Kleinigkeit": das Relativpronomen stimmt nicht.

A: ? ? ?

Achmed seufzt, so schwer hatte er sich den Ferienvormittag mit Katja und Sven nicht vorgestellt. Nach langen Gesprächen weiß er, daß er sich zwei Regeln merken muß:

Merke dir:

1. **Das Relativpronomen richtet sich in Genus und Numerus nach dem vorhergehenden Nomen.**
2. **Im Kasus richtet es sich nach dem Sinn des Relativsatzes!**

Relativpronomen
Übersicht

Die folgenden zwei Beispiele sollen das verdeutlichen.

1. Der Hund,   der mir gehört,   lief fort.

   Nomen: Singular   Relativpronomen: Singular
   Genus: maskulin   Genus: maskulin
   Kasus: Nominativ   Kasus: Nominativ
   (1. Fall)   Frage: <u>Wer</u> gehört mir?
   Frage: <u>Wer</u> lief fort?

2. Der Hund,   dessen Leine gerissen war,   wurde gefunden.

   Nomen: Singular   Relativpronomen: Singular
   Genus: maskulin   Genus: maskulin
   Kasus: Nominativ   Kasus: Genitiv
   Frage: <u>Wer</u> wurde (2. Fall)
   gefunden?   Frage: <u>Wessen</u> Leine war gerissen?

Hier sind die Relativpronomen in der Übersicht. Lerne sie!

	Nominativ	Genitiv	Dativ	Akkusativ
Singular/maskulin (Einzahl/männlich)	der	dessen	dem	den
Singular/feminin (Einzahl/weiblich)	die	deren	der	die
Singular/neutrum (Einzahl/sächlich)	das	dessen	dem	das
Die Pluralformen sind immer gleich:	die	deren	denen	die

Komplexe Sätze
Relativsätze

Relativsätze mit einer Präposition

Katja und Sven arbeiten an der Schülerzeitung ihrer Schule mit. Sie beschließen, auf der Witz-seite „Non – Stop – Nonsense – Werbung" zu bringen.
Hier sind vier Beispiele aus ihrer ‚Sammlung':

– die Crème, vor der Sie Ihre Hühneraugen verschließen müssen ...

– der neue Autotyp, bei dem Sie Tod -sicher fahren ...

– das neue Frische-Deo, auf das Ihre Mitmenschen schon lange gewartet haben ...

– das charmante Miederhöschen, bei dem Ihnen und den Männern die Luft ausgeht

Relativadverbien

Katja und Sven haben ihre Nonsense – Slogans alle nach demselben Schema formuliert:
ein Gliedsatz, der durch eine Präposition <u>und</u> ein Relativpronomen eingeleitet ist, bildet den
Schluß des Slogans.
Relativsätze werden folglich nicht nur durch Relativpronomen eingeleitet, es gibt noch andere
Möglichkeiten, wie diese Beispiele zeigen.

1. Beispiel (gebildet wie die Slogans oben)
>   Das ist das Zimmer, in dem unsere Anlage steht.

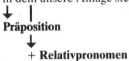

Präposition

+ Relativpronomen

2. Beispiel
>   Das ist das Zimmer, wo│r│in unsere Anlage steht.

,wo' ist ein **Adverb**   ,in' ist die **Präposition**

>   Es übernimmt die Stelle des Relativpronomens und heißt deshalb: Relativadverb.

3. Beispiel
>   Das ist das Zimmer, w o unsere Anlage steht.

,wo' ist ein **Adverb**
Es übernimmt die Stelle des Relativpronomens.

Zum Gebrauch der Relativadverbien

Katja und Sven nehmen auf dem Klassenausflug an einer Schloßführung teil. Der weißhaarige Führer ist ganz hingerissen von „seinem" Schloß: „. . . und hier, meine Damen und Herren, hier ist die Stelle, wovon die Geschichte noch lange erzählen wird, denn hier sehen Sie das Bett, worin der schreckliche Mord geschah! Und dort, wenden Sie Ihre Augen nach rechts, dort hängt das Schwert, womit Amalie den Gatten tötete. Und dort, schauen Sie nach links . . "

Katja und Sven halten es nicht mehr aus und beschließen, auf der sonnigen Schloßterrasse auf die anderen zu warten.

Komplexe Sätze
Relativsätze

S: Das war ja nicht zum Aushalten! So'n alter Quark!

K: Und dann die Sprache . . . wovon, worin, womit . . .!

Katja hat recht:
Die mit einer Präposition verschmolzenen Relativadverbien werden heute nicht mehr häufig gebraucht.
Statt dessen benutzt man besser ein Relativpronomen mit einer Präposition.

Wann setzt man *wo, welcher, was* statt des Relativpronomens ein?

Wo als Relativadverb leitet einen Gliedsatz ein, wenn ein <u>räumlicher Bezug</u> gegeben ist. Wenn der Gliedsatz sich auf einen Orts- oder Ländernamen bezieht, muß er mit *wo / wohin* eingeleitet werden.

Beispiele:

> Er zog nach Paris, *wo* seine Freundin wohnte.
> Sie sehnte sich zurück nach Italien, *wohin* sie schon so oft gereist war.

Andere Gliedsätze mit Bezug auf den übergeordneten Satz werden mit Präposition und Relativpronomen eingeleitet.

Beispiele:

> Viele glauben, die Bundesrepublik sei ein Land, *in dem* man schnell reich werden kann.
> Sie betrat das Wohnzimmer, *in dem* ihr Mann gerade Fernsehen guckte.
> Er fühlte sich wohl in der Schule, *in der* auch seine Freunde waren.

Welcher, welche, welches stehen statt des Relativpronomens, wenn mehrere Gliedsätze aneinandergereiht sind oder wenn das Relativpronomen mit dem folgenden Artikel gleich lautet.

Beispiel:

> „Das ist der Bengel, *welcher* der Frau dort, *welcher* der Unterrock hervorschaut, die ganze Zeit die Zunge herausstreckt," empört sich die Verkäuferin und zeigt auf den kleinen, grinsenden Jungen.

Wenn du versuchst, in diesem Satz *welcher* durch die Relativpronomen *der* und *die* zu ersetzen, merkst du, daß der Satz dann schwer zu verstehen ist.

Was leitet den Relativsatz ein, wenn dieser sich auf den <u>gesamten</u> Satz davor bezieht.

Beispiel:
Es war das Schönste, *was* er erlebt hatte.

(aber: Er traf auf der Kirmes das schönste Mädchen, *das* er je gesehen hatte.)

34

Komma bei Relativsätzen

Was leitet auch den Relativsatz ein, wenn das Bezugswort ein substantiviertes Adjektiv oder ein Pronomen ist.

1. Das, *was* du sagst, ist Quatsch!
2. Das meiste, *was* sie hörten, kannten sie schon.
3. Manches, *was* sie sah, erkannte sie wieder.
4. Er hörte das Schlimmste, *was* er befürchtet hatte.

Die Kommasetzung bei Relativsätzen

Jeder Relativsatz ist ein Gliedsatz. Daher gelten die gleichen Zeichensetzungsregeln für Gliedsätze und für Relativsätze.

Merke dir:

> **Jeder Relativsatz wird vom Hauptsatz durch Komma abgetrennt, gleich welches Wort*) ihn einleitet.**

Manchmal ist es nicht leicht, das Relativpronomen *das* von der Konjunktion *daß* zu unterscheiden. Hier hilft dir eine einfache Regel:

> **Das Relativpronomen *das* kann immer durch *welches* (manchmal auch durch *dieses* oder *jenes*) ersetzt werden.**

Beispiel:
Das Hexenhäuschen, ⟨das⟩ aus Lebkuchen besteht, ist leider erfunden.

Das Hexenhäuschen, ⟨welches⟩ aus Lebkuchen besteht, ist leider erfunden.

Die Konjunktion *daß* ist <u>nie</u> mit *welches* austauschbar!

Beispiele für die Zeichensetzung

1. Katja und Sven heißen die Schüler☉ die unser Buch begleiten.
   ↓
   Relativpronomen,
   Relativsatz am Schluß

2. Die Schüler☉ die unser Buch begleiten☉ heißen Katja und Sven.
   ↓
   Relativpronomen
   Relativsatz in der Mitte

---

*) ..., der ...; ..., wo ...; ..., was ...; ..., welcher ...

Komplexe Sätze
Relativsätze

 Forme die Attribute in Relativsätze um! Schreibe sie in dein Heft!

Ein aufregender Ausflug
Die *junge, völlig unerfahrene* Studentin war von der *zurückkehrenden* Flut überrascht worden. Sie ließ *die ihr anvertrauten* Kinder auf der Sandbank zurück. Diese blieben allein unter der Führung des ältesten Jungen und sahen *dem immer mehr ansteigenden* Wasser stumm zu. Schon „fraßen" die Wellen an ihrer *erst vor kurzem gebauten* Sandburg. Die Studentin kämpfte sich derweil durch die *strudelnden, reißenden* Wasser der Priele. Sie schaffte es. Die *sogleich herbeigeeilten* Inselbewohner machten die Rettungsboote klar und holten die Kinder von der *mittlerweile fast ganz überfluteten* Sandbank ab.

Partizip Präsens

 Forme die Relativsätze in Adjektivattribute um! Schreibe sie in dein Heft!

Die Strömung der Priele, *die heftig war,* trieb die junge Frau immer wieder zurück. Doch ihre Gedanken, *die an die Kinder mahnten,* verliehen ihr große Kraft. Die Kinder, *die noch vor kurzer Zeit auf der Sandbank gelärmt hatten,* wurden immer stiller. Doch sie vertrauten dem Jungen, *der ruhig und gefaßt war.* Dieser blickte auf die Kinder, *die eng zusammengerückt waren.* Nebel verwischte das Bild der Küste, *die man kaum noch erkennen konnte.* Der Junge kämpfte gegen das Gefühl der Hoffnungslosigkeit, *das in ihm aufstieg.*

 Längere Adjektivattribute hören sich nicht gut an! Verwandle sie in Relativsätze! Schreibe sie in dein Heft!

a) Die am Wochenende fast ausschließlich in der Küche stehenden Hausfrauen protestieren mit Recht.

b) Die jedem Werbespruch glaubenden und jeder Verkaufstaktik ausgelieferten Kinder kaufen viel unnützes Zeug.

c) Die sich ständig beobachtenden und sich vor jedem Spiegel drehenden Mädchen machen sich selbst lächerlich.

untereinander

Ü4 Übe dich im Erkennen von Relativsätzen! Umrande das Wort, das den Relativsatz einleitet, und zeichne einen Pfeil zum Bezugswort!

a) Die Großmutter, die selten im Leben verreist war, wollte diesmal mit uns in die Ferien fahren.

Übungen mit Relativsätzen

b) Sie erzählte das meinen Eltern, die sehr erfreut waren.

c) Durch die Großmutter, die ja auch abends da war, würden sie allein etwas unternehmen können.

d) Die Kleinen, die Großmutters Märchen liebten, freuten sich besonders.

e) Großmutter selbst freute sich auf die hohen Berge, deren schneeglänzende Gipfel auch mich beeindruckten.

Komplexe Sätze
Relativsätze

 **Ü 5** Unterstreiche die Relativsätze! Umrande das Wort, das den Relativsatz einleitet! Vorsicht – Falle!

a) Green – Peace ist eine Organisation, die die Umwelt erhalten will und gegen zerstörende Einflüsse schützen will.

b) In dieser Organisation arbeiten vornehmlich jüngere Leute, die ältere Generation unterstützt Green - Peace finanziell.

c) Diese Unterstützung, für die immer wieder geworben wird, ist lebensnotwendig für die Arbeit.

d) Erst kürzlich sah man in den Nachrichten aufregende Szenen aus der Nordsee, wo Green-Peace-Boote das Ablassen von Dünnsäure aus Tankern verhindern wollten.

e) Doch nicht jeder Bundesbürger, der für den Umweltschutz ist, findet die Aktionen von Green-Peace gut.

f) Es besteht aber Einigkeit bei allen Parteien, daß wir ohne Umweltschutz auf eine Katastrophe zulaufen.

g) Leider vergeht viel Zeit durch die Diskussionen über den richtigen Weg, was die Situation nicht verbessert.

 Ü 6 Wie wird der Relativsatz in der **Ü 5** c, d und g eingeleitet? Schreibe das Wort auf die freien Zeilen!

In Satz c) durch _____

In Satz d) durch _____

In Satz g) durch _____
Bist du in die ‚Falle' getappt?
Welcher Satz / welche Sätze stellen eine ‚Falle' dar?
Schreibe eine Begründung auf!

_____

_____

_____

Übungen mit Relativsätzen

 Ü 7 Ergänze in den folgenden Sätzen die Relativpronomen – manchmal mit Präposition – und schreibe sie in die Lücken!

a) Ich erkannte den Mann, _dessen_ Gesicht mir aufgefallen war, in der Zeitung wieder.

b) Ich erinnerte mich genau an den Tag, _an dem_ ich ihm begegnet war.

c) Seine Augen, _die_ groß und ausdrucksvoll waren, hatten mich interessiert angeschaut.

d) Die wenigen Worte, _die_ wir miteinander gewechselt hatten, reichten nicht für ein besseres Kennenlernen.

e) Bis heute hatte ich die Bekanntschaft, _die_ ich in den Ferien gemacht hatte, vergessen.

f) Der Zeitungsbericht, _den_ ich mit großer Aufmerksamkeit las, lobte jenen Mann als bekannten Schauspieler aus Amerika.

g) Das kleine Mädchen, _das_ neben ihm abgebildet war, war seine Tochter,

auf die er stolz herabblickte.

h) Meine Freundinnen, _deren_ Neid ich spürte, bewunderten diesen glücklichen Zufall.

Komplexe Sätze
Relativsätze

 Bestimme den Kasus der Relativpronomen in **Ü 7** und überlege dir für jeden Satz die Frage. Trage in die Leerzeilen den Kasus und die jeweilige Frage für die Sätze a) bis h) ein.

a) _____

b) _____

c) _____

d) _____

e) _____

f) _____

g) _____

h) _____

 Die Schüler, die die folgenden Sätze geschrieben haben, beherrschen die Regeln zu den Relativsätzen nicht. So entstanden unfreiwillig komische Sätze – Stilblüten.
Verbessere! Schreibe deine Sätze in dein Heft!

a) Meine Mutter schickte mich mit dem Salat zum kranken Nachbarn, den sie gerade vom Fleischer geholt hatte.

b) Nach dem Training ließ sich die Sportlerin auf einer Bank nieder, die völlig erledigt war.

c) Meine Mutter sucht ein Kindermädchen für das Baby, das auch im Haushalt hilft.

d) Die Katze kratzte die alte Frau, die um ihr Kitekat fürchtete.

e) Die Nachttöpfe wurden von den Krankenschwestern entleert, die oft recht übel rochen.

Übungen mit Relativsätzen

 Ü 10

Das oder daß?
Setze das *Relativpronomen* <u>oder</u> die *Konjunktion* ein!

a) Wir freuen uns auf die Ferien und hoffen, ＿＿＿＿＿＿ wir schönes Wetter haben werden.

b) Das Kaninchen, ＿＿＿＿＿＿ von dem Blick der Schlange gebannt ist, kann nicht fortlaufen.

c) Er sah, ＿＿＿＿＿＿ er den Zug nicht mehr erreichen würde.

d) Das hohe Dach, ＿＿＿＿＿＿ sie schon früh sahen, wies ihnen den Weg zur Jugendherberge.

e) Nach stundenlangem Verhör gab er zu, ＿＿＿＿＿＿ er am Bankeinbruch beteiligt war.

f) Am Geburtstag bekam sie das Pferd, ＿＿＿＿＿＿ sie sich so lange gewünscht hatte.

Komplexe Sätze
Relativsätze

Ü 11 Jetzt geht's wild durcheinander! Mal ist es eine Konjunktion (daß), mal ein Relativpronomen (das), mal der Artikel (das) oder auch ein Demonstrativpronomen (das). Auch für das Demonstrativpronomen kannst du das Wort „dieses" ersetzen.

a) ——————— es wirklich brennt, ——————— hatte ich gar nicht erwartet.

b) Gut, ——————— es bald Ferien gibt, ——————— freut Lehrer und Schüler.

c) Klar, ——————— ——————— Auto mindestens achtzig fuhr, ——————— konnte man wirklich sehen.

d) Er erlebte nicht mehr, ——————— sein Sohn Sieger wurde, ——————— hätte ihn sicher gefreut.

e) ——————— du dir selbst helfen mußt, ——————— weißt du doch selbst, ———————
haben dir doch schon andere gesagt.

f) ——————— ist schade, ——————— so wenig Schüler erkennen, ———————

——————— Lesen ihnen die Welt eröffnet.

g) Wer hätte gedacht, ——————— ——————— so viel Arbeit macht!

Übungen zur Zeichensetzung bei Relativsätzen

 Ü 1 Sprüche für's Poesiealbum –
es fehlt nur das Komma!

a) Ein guter Freund ist jemand der dir gern
zuhört.

b) Die Rose die blüht –
Die Sonne die glüht –
die gehen ins Gemüt.

c) Sei wie das Veilchen im Moose –
bescheiden, sittsam und rein –
und nicht wie die stolze Rose
die immer bewundert will sein.

d) Gewinner ist immer der
der lächelt statt zu toben.

e) Denk an das Elternhaus
wo deine Wiege stand
auch wenn du bist im fremden Land . . .

f) Die Kuh die muht –
Der Hund der bellt –
ich hab dich gern auf dieser Welt.

g) Nicht der ist arm der wenig hat,
sondern der der viel wünscht!

 Setze das Komma!

a) Ulrikes Schirm den sie morgens in den
Flur gehängt hatte war fort.

b) Zu Beginn der Pause welche die Mädchen
in der Teestube verbrachten hatte sie nicht
auf den Schirm geachtet.

c) Sie teilte den Diebstahl der Sekretärin mit
die eine Meldung machte.

d) In der Sitzung der SV an der Ulrike teil-
nahm machte sie ihrem Ärger Luft.

e) Sie schimpfte über die Klauerei an den
Schulen die langsam überhand nähme.

f) Die Mitschüler die ihren Ärger verstanden
diskutierten lange über die Diebstahlserie.

 Achtung! Hier mußt du gut
überlegen, wenn du die
Kommas einfügst.

a) Weihnachten ist das Fest auf das sich Kinder immer freuen.

b) An dem Sinn dieses Festes zweifeln manche Erwachsene und Jugendliche die kri-
tisch die weihnachtlichen Vorbereitungen
erleben.

c) In der überfüllten Stadt die im Lichter-
glanz erstrahlt beobachten wir unsere Mitmenschen die Berge von Geschenken
heimtragen.

d) Doch angesichts der erschütternden Bilder
die uns das Fernsehen zeigt wird vieles
fragwürdig.

e) Es gibt natürlich auch nachdenkliche Menschen die ihr Geld in diese Gebiete senden
und Not lindern helfen.

f) Die Kauffreude aber soll besonders in den
Großstädten erhalten bleiben wo man
diesjährig bereits Anfang Oktober mit
Weihnachtsreklame lockte.

g) Auf den weihnachtlichen Gewinn der
schon fest in die Bilanz eingeplant ist will
die Geschäftswelt nicht verzichten.

Komplexe Sätze
Relativsätze

h) Aus allen großen Kaufhäusern ertönen Weihnachtslieder mit denen man die Käufer anlocken will.

i) Meist steht auch irgendwo ein alter Mann mit weißem Bart dessen abgetragener roter Mantel den Glauben an den Weihnachtsmann bei den Kleinsten wecken soll die oft bewundernd davorstehen.

j) Weihnachten – ein Fest an das die meisten Menschen gern denken soll erhalten bleiben.

k) Doch die Kaufwut zu der wir verleitet werden wird diesem Fest den Sinn nehmen den es über Jahrhunderte hatte.

 Bitte auch hier beim Kommasetzen aufpassen!

a) Viele Schüler die vom Geschichtsunterricht wenig halten sprechen oft von früher als der „guten alten Zeit" was ihr Unwissen zeigt.

b) Die „gute alte Zeit" was immer man darunter versteht gab es in keinem Jahrhundert von dem die Geschichte uns Wissen vermitteln kann.

c) „Früher" – das ist ein Begriff den man genau beschreiben muß.

d) Denken wir mal an das letzte Jahrhundert das uns durch vielfältige geschichtliche Quellen gut bekannt ist was uns die Beurteilung der Vorgänge erleichtert.

e) Die „gute alte Zeit" des 19. Jahrhunderts deren Kehrseiten wir kennen war eine Zeit welche die Kinderarbeit, die Prügelstrafe für Kinder und die 70-Stunden-Woche kannte.

f) Jeder der unüberlegt von einer „guten alten Zeit" redet sollte sich klarmachen, daß das was er da mit einem Schlagwort behauptet bei geschichtlicher Betrachtung nicht haltbar ist.

Partizipien und Partizipialkonstruktionen

Partizipien und Partizipialkonstruktionen

Ein schlimmer Sonntagmorgen

Sven hat Streit mit seiner Mutter. Er ist zu spät nach Hause gekommen.

Mutter: Zu spät kommend...!!!

Sven: Aber ich habe gedacht...

Mutter: Und dazu noch mit lautem Ge-lächter kommend...!!!

Sven: Mutter, ich hatte gehofft...

Mutter: Nein, Sven, es gibt nicht viel zu erklären:
mit lautem Gelächter und Her-umalbern spät am Abend nach Hause kommend, hast du uns als Eltern hier vor der Hausgemein-schaft ganz schön blamiert!

Sven ist bedrückt. Auch ein Anruf von Katja kann seine Stimmung nicht verbessern. Er er-klärt ihr nur kurz am Telephon: Nein, Katja, wir können uns heute nicht treffen, ich muß mich erst einmal um meine Mutter kümmern. Ich hab' Mist gebaut...

Was ist ein Partizip?

Es fällt dir sicher auf, daß Svens Mutter in jedem Vorwurf die Verbform „kommend" verwendet.
Sven antwortet mit:
„...habe gedacht..."
„...hatte gehofft..."
„...habe...gebaut..."
Svens Mutter verwendet das **Partizip I** des Verbs „kommen".
Sven verwendet das **Partizip II** der Verben „denken", „hoffen", „bauen".

Das Partizip wird auch Mittelwort genannt. Beide Bezeichnungen *Partizip* und *Mittelwort* drücken aus, daß diese Verbform die Mitte zwischen Verb und Adjektiv einnimmt.

Das Partizip, das Mittelwort, kann etwas Gleichzeitiges ausdrücken. Dann ist es das Partizip Präsens oder das Mittelwort der Gegenwart.

Das Partizip, das Mittelwort, kann etwas Vor-zeitiges ausdrücken. Dann ist es das Partizip Perfekt oder das Mittelwort der Vergan-genheit.

Im folgenden Text wird der Kürze halber das Partizip Präsens → Partizip I (= P I), das Partizip Perfekt → Partizip II (= P II) genannt.

Die Partizipien I und II eines Verbs sind neben dem Infinitiv die weiteren *infiniten* (= unbestimmten) Formen des Verbs.
Das bedeutet: Ebenso wenig wie du aus dem Infinitiv erkennen kannst, wer etwas tut oder wieviele etwas tun, kannst du dies aus den Partizipien eines Verbs erkennen.

45

Komplexe Sätze
Partizipialkonstruktionen

Als Beispiel das Verb fahren:

(ich) fahre
(du) fährst
(er/sie/es) fährt
(wir) fahren*)
(ihr) fahrt
(sie) fahren*)

Bis auf die 1. und 3. Person Plural*) kannst du an jeder Form feststellen, **wer** etwas tut. Bei *) kannst du lediglich feststellen, daß es sich um eine Pluralform handelt.
Die infiniten Formen dagegen:

fahren	= Infinitiv
fahrend	= Partizip I
gefahren	= Partizip II

sagen über ‚wer', Singular oder Plural gar nichts aus.

Wie werden die Partizipien gebildet?

Das Partizip I ist leicht zu bilden: an die Stammform des Verbs wird nur *-end* angehängt; z. B. lauf*end*, sing*end*, lach*end* . . .

Das Partizip II ist schwieriger zu bilden, denn zuerst mußt du folgendes prüfen:

1. Ist es ein   <u>einfaches</u> Verb?
   a) . . .   einfaches starkes Verb, wie z. B. fahren.
   b) . . .   einfaches schwaches Verb, wie z. B. schlucken.

2. Ist es ein   <u>zusammengesetztes</u> Verb <u>mit Anfangsbetonung?</u>
   a) . . .   starkes Verb, wie z. B. vórlaufen.
   b) . . .   schwaches Verb, wie z. B. ántippen.

3. Ist es ein   <u>zusammengesetztes</u> Verb <u>ohne Anfangsbetonung?</u>
   a) . . .   starkes Verb, wie z. B. entláufen.
   b) . . .   schwaches Verb, wie z. B. versúchen.

So wird das Partizip II der drei Verbgruppen gebildet:

	Vorsilbe	Stamm	Nach-silbe
1 a)	ge	fahr	en
1 b)	ge	schluck	t
2 a)	vor ge	lauf	en
2 b)	an ge	tipp	t
3 a)	ent –	lauf	en
3 b)	ver –	such	t

Partizip I
Partizip II

Wie wird das Partizip I und das Partizip II im Satz eingesetzt?

Das Partizip I
– kannst du wie ein Adjektiv einsetzen.

Die Darstellung ist umfassend.

Er redete überzeugend.

Frage: Wie?

– kannst du attributiv einsetzen.
Der fahrende Zug war in der Ferne zu sehen.

Die schwankenden Bohlen ängstigten sie.

Frage: Was für?

Das Partizip II
– brauchst du, um die Zeiten Perfekt und Plusquamperfekt zu bilden. Es ist dann Teil des Prädikats.

Er hat gelacht. Perfekt.

Er ist gekommen.

Er hatte gelacht. Plusquamperfekt.

Er war gekommen.

– brauchst du für die Bildung des Passivs.

Die Sahne ist geschlagen. (Zustand)

Die Sahne wird geschlagen. (Vorgang)

– kannst du wie ein Adjektiv einsetzen.

Das Buch ist bekannt.

– kannst du mit einem anderen Verb verbinden; es übernimmt dann die Aufgabe des Adverbs.

Sie lacht gequält.

Er geht gebeugt.

– kannst du als Attribut vor ein Nomen setzen.

Sie war froh über die gelungene Feier.

Er freute sich über die geglückte Prüfung.

– kannst du manchmal wie ein Adjektiv, manchmal wie ein Attribut einsetzen.

Die Schauspielerin ist bekannt.

Die bekannte Schauspielerin lächelte.

Komplexe Sätze
Partizipialkonstruktionen

 Ach, du arme Schnecke!

a) Welches Partizip wiederholt die kleine Schnecke in ihrer Klage?
b) Wie heißen die zwei fehlenden infiniten Verbformen?

 Wie heißt das Partizip I und das Partizip II der folgenden Verben? Prüfe zuerst, in welche Gruppe das Verb jeweils gehört!
Wenn du nicht mehr sicher bist, sieh nach auf Seite 46.

	Partizip I	Partizip II
1. anfassen		
2. ankommen		
3. bedeuten		
4. bewegen		
5. bleiben		
6. denken		
7. entkommen		
8. heben		
9. klingen		
10. kommen		
11. meiden		

Übungen mit den Partizipien

12. mißlingen

13. nehmen

14. reißen

15. riechen

16. schieben

17. schweigen

18. sein

19. schwimmen

20. schwingen

21. sinnen

22. stinken

23. treffen

24. trinken

25. verfassen

26. vollenden

27. weben

28. weisen

29. werden

30. zwingen

Komplexe Sätze
Partizipialkonstruktionen

 Adobald geht auf die Fünfzig zu. Jetzt, meint er, sei es Zeit zu heiraten. Er ist etwas ratlos, wie er's anfangen soll, deshalb kauft er sich ein kluges Buch. Darin liest er . . .

Die Ratschläge aus Adobalds Buch:

Ergänze das fehlende Partizip II der Verben in den Klammern und schreibe es in die Lücken!

„ _____ Hast du ♡ s i e ♡ einmal

_____ (sehen), so beginne männlich

die Eroberung!

Sie hat dir _____ (zeigen), daß du ihr

nicht unsympathisch bist. Du hast deinen be-

sten Anzug _____ (herausholen), hast

einen Tisch _____ (bestellen) und be-

ginnst dann ein lockeres Gespräch über das

Wetter. Nach einem guten Essen, wenn der

Ober alles _____ (abdecken) hat,

wenn du nach einem Gläschen Wein mutig

_____ (werden) bist, dann rücke et-

was näher zu ihr . . .“ ♡ !

50

Übungen mit den Partizipien

Ü 4 Aus einem Reiseprospekt für eine sogenannte „Kaffeefahrt":

Ergänze in der aufgeführten Reihenfolge die Verben im Partizip I und schreibe diese Form in die Lücken!
(hinreißen; glänzen; rauschen; tosen; erheben; wohltun; stärken; erfrischen; wärmen; duften)

Nehmen Sie teil an dieser _____ Fahrt!

Sie sehen die _____ Gipfel unserer Berge, _____ Bäche mit _____

Wasser. Erleben Sie die _____ Stille der Almen mit dem _____ Bimmeln der Kuhglocken!

Nach _____ Kaffeepause in _____ Höhenluft geht's wieder heim.

Und das alles kostet Sie nur – zusammen mit einer _____ Decke und einem Pfund

_____ Kaffees – das alles kostet Sie nur 29,75 DM!!!!

Bestellen Sie noch heute eine Teilnehmerkarte!

Komplexe Sätze
Partizipialkonstruktionen

 Ü 5 Zwei Seeleute werden im Indischen Ozean von einem entsetzlichen Sturm überrascht . . .

Eine französische Gespenstergeschichte (Ausschnitt)

Mit unerhörter Schnelligkeit, viel rascher als die Lokomotive eines Expreßzuges, jagte der Sturm heran. Das aufgepeitschte Meer schrie unter seiner Geißel, ja, ich schwöre Ihnen, daß es wirklich laute jammernde Klagetöne ausstieß. Jenseits der Riffe aber türmten sich schon die Wogen übereinander, wie Häuser bei einem Erdbeben.

Und in dem Augenblicke, genau in dem Augenblicke, hörte ich die Stimme Rainebonzes: ‚Die Matoutouas! Das Totenschiff der ruhelosen Seelen.'

Er warf sich entsetzt mit dem Gesicht nach unten auf den Boden des Schiffes. Und dann sah ich mit eigenen Augen die große Piroge, das Schiff der Toten!

Sie werden es nicht glauben, daß Schiffe, die untergegangen und die seit undenklicher Zeit auf dem Grunde des Meeres gelegen, plötzlich wieder aus den Fluten auftauchen könnten! Ich aber habe in jener Nacht gesehen, wie ein Schiff aus den tiefsten Tiefen des Wassers emporstieg und langsam dahinglitt. Es war ein großes Schiff, das seine Masten verloren hatte, nur auf dem Hinterdeck erhob sich noch der Stumpf eines Mastes, der beinahe wie ein kleines Haus aussah. Es war überdeckt von Korallen, großen Muscheln und Steinen, die sich in dem dichten Gewirr von Seetang angesetzt hatten, der alles überspann. Und dazwischen huschten große Krabben, die wütend schienen, aus ihrer gewohnten Ruhe gerissen zu sein, platte Fische, die hoch emporsprangen und in das Meer zurückfielen, Würmer, schrecklich sich hin und her windende rosafarbene und weiße Würmer, so lang wie mein Arm!

Übungen mit den Partizipien

Dann sahen wir deutlich, wie diese Wasser-
ströme ein Skelett mit sich führten, ein an den
Fußknöcheln mit Ketten gefesseltes Skelett,
das einen Augenblick nur auf dem Deck zu
ruhen schien, dann von den nachdrängenden
Wogen gepackt wurde, sich überschlug und in
das Wasser zurückstürzte. Diesem Skelett
folgte ein anderes und noch eins und wieder
eins: eine ganze Kaskade von Skeletten an
alten, verrosteten Eisenketten. Ab und zu
glitten große Krabben darüber hin. Langsam
und wie ein überlasteter Wagen hin und her
schwankend, näherte sich der Dreimaster den
Klippen. Bei jeder Woge, die ihn auf ihren
Rücken nahm, schwogte das Wasser, das in
den Schiffskörper gedrungen war, von vorne
nach hinten und drängte gegen die verfaulen-
den Wände, von denen große Stücke abfielen
und neue Lecke entstehen ließen, aus denen
ungezählte, mit alten Ketten beladene Skelet-
te getrieben wurden. Trotz alldem verfolgte
das Fahrzeug unaufhaltsam seinen Weg, den
Klippen entgegen – und direkt auf uns zu!

a) Unterstreiche alle Partizipien!
   Schreibe sie als Tabelle in dein Heft!

Partizip I	Partizip II

b) Erfinde einen guten Schluß zu dieser Geschichte!
   Schreibe deinen Schluß auf!

**Gliedsätze werden durch Partizipien
umgewandelt**

Sven und Katja arbeiten wieder in der Redak-
tion der Schülerzeitung. Man beschließt, auch
mal „die Kleinen" zu Wort kommen zu lassen
und einigt sich auf die Fragestellung:
Wie fühlt Ihr Euch an dieser Schule?
Sven interviewt in den Pausen die ‚Kleinen'
mit Hilfe eines Tonbandes.

Die Antworten der Fünftkläßler hört man
sich in der nächsten Redaktionssitzung an:

Sven: Sag mal, wir machen gerade ein
            Interview. Wie fühlst du dich
            hier?

Schüler 1: Och gut, ich habe Lehrer, die
            viel lachen.

Schüler 2: Also, ich find's nicht gut, daß
            wir den Kiosk, der gegenüber
            der Schule liegt, nicht besuchen
            dürfen.

Komplexe Sätze
Partizipialkonstruktionen

Schüler 3:   Eigentlich gefällt es mir hier. Aber in den Pausen, da sind immer die ‚Großen‘, die so wild herumrennen. Da krieg ich oft Angst.

Schüler 4:   Ich wurde sogar schon umgerannt, aber die Lehrer, die gerade Aufsicht führen, meinen meist, wir sollten das allein regeln. Die haben gut reden . . .

Nach Beendigung der Tonbandaufnahme sind die Redaktionsmitglieder der Schülerzeitung recht nachdenklich. Wie gut, daß sie dieses Thema aufgegriffen haben. Die Beschwerden der „Kleinen" sollte man wirklich mal zu Papier bringen.

Katja faßt die Antworten der Schüler zu einem Bericht zusammen (hier ein Ausschnitt):
„Ein Schüler lobte die häufig lachenden Lehrer an unserer Schule . . .
Es wurde aber auch Kritik laut:
So kritisierte ein Schüler, daß wir den der Schule gegenüberliegenden Kiosk nicht besuchen dürfen.
Man beschwerte sich auch über die wild herumrennenden großen Schüler. Die aufsichtführenden Lehrer sollten in der Pause die Beschwerden der ‚Kleinen‘ ernst nehmen . . ."

Katjas Sätze klingen geschmeidiger, glatter als die mündlichen Schüleräußerungen.

Vergleiche:

1.1 . . . Lehrer, die viel lachen . . .
1.2 . . . häufig lachenden Lehrern . . .
2.1 . . . den Kiosk, der gegenüber der Schule liegt . . .
2.2 . . . den der Schule gegenüberliegenden Kiosk . . .
3.1 . . . die Großen, die so wild herumrennen . . .
3.2 . . . die so wild herumrennenden Großen . . .
4.1 . . . die Lehrer, die gerade Aufsicht führen . . .
4.2 . . . die aufsichtführenden Lehrer . . .

Die Gliedsätze in den vier Beispielen sind durch das Partizip Präsens umgeformt worden.
Merke dir:

Aus einem Gliedsatz kann man eine Partizipialkonstruktion bilden.
Aus einer Partizipialkonstruktion kann man einen Gliedsatz formulieren.

Zeichensetzung bei den Partizipien

Die Zeichensetzung bei den Partizipien

Die Frage, wann du ein Komma bei den Partizipien setzen mußt, soll durch den Vergleich der A-Sätze mit den B-Sätzen beantwortet werden.

A-Sätze

1. Der lachende Mann kam aus dem Kino.

   P

2. Der laut lachende Mann kam aus dem Kino.

   E   P

3. Der aus vollem Halse laut lachende Mann kam aus dem Kino.

   E   P

B-Sätze

1. Lachend kam der Mann aus dem Kino.

   P

2. Laut lachend kam der Mann aus dem Kino.

   E   P

3. Aus vollem Halse laut lachend, kam der Mann aus dem Kino.

   E   P

Komplexe Sätze
Partizipialkonstruktionen

Das Partizip der A-Sätze und der B-Sätze heißt: „lachend" (P).
Das Partizip ist in den A-Sätzen und in den B-Sätzen erweitert worden durch „laut" und „aus vollem Halse". (E)

<u>Bei den A-Sätzen</u>
steht das Partizip attributiv zwischen dem Artikel und dem Nomen.
Die Zeichensetzungsregel heißt:

Wenn das Partizip zwischen Artikel + Nomen liegt

> Wenn das Partizip von Artikel und Nomen umrahmt wird, setzt du <u>kein Komma,</u> gleichgültig, wie lang die Erweiterung ist.

<u>Bei den B-Sätzen</u>
ist das Partizip aus dem Gesamtbogen des Satzes herausgelöst.
Artikel und und Nomen bilden keinen Rahmen um das erweiterte Partizip.
Die Zeichensetzungsregeln heißen:

> Ein vorangestelltes *einfaches* Partizip wird nicht durch Komma abgetrennt. (B 1)
> Ein vorangestelltes *kurz* erweitertes Partizip wird nicht durch Komma abgetrennt. (B 2)
> **aber:**
> Ein vorangestelltes *lang* erweitertes Partizip wird durch Komma abgetrennt. (B 3)

Der Satz B 3 kann auch umgestellt werden:
Aus vollem Halse laut lachend, kam der Mann aus dem Kino.
Der Mann kam aus dem Kino, aus vollem Halse laut lachend.
Der Mann kam, aus vollem Halse laut lachend, aus dem Kino.

So geht's aber nicht:
Noch immer laut lachend, setzte sich das Auto mit dem Mann in Bewegung.

Frage: Wer lacht? Das Auto oder der Mann?
In Hamburg eingetroffen, begrüßte die Menschenmenge jubelnd die Fußballmannschaft.
Frage: Wer traf in Hamburg ein? Die Menschenmenge oder die Fußballmannschaft?

Merke dir:

> 1. Wenn das Partizip von Artikel und Nomen umrahmt wird, setzt du grundsätzlich kein Komma.
> 2. Ein vorangestelltes (nachgestelltes oder eingeschobenes) Partizip wird nur dann vom Satz durch Komma abgetrennt, wenn es lang erweitert ist.
> 3. Partizip und Hauptsatz haben in der Regel dasselbe Subjekt.

 Ü 1 Forme den Relativsatz mit dem Partizip Präsens um!
Schreibe die Sätze dann in dein Heft!

a) Das Kind, das weint, greift nach dem Spielzeug.
b) Der Mann, der tobte, wurde von der Polizei abgeholt.
c) Ein Schüler, der oft hilft, ist bei seinen Freunden beliebt.
d) Die Jahreszeiten, die immer wiederkehren, bestimmen unseren Kalender.

Umformungsübungen

Ü 2 Forme den Relativsatz mit dem Partizip Perfekt um! Schreibe die Sätze dann in dein Heft!

a) Der Zug, der Verspätung hatte, rollte langsam ein.

b) Das Geld, das von ihm vergeudet wurde, gehörte ihm gar nicht.

c) Die Jahre, die vergangen sind, lassen sich nicht zurückholen.

d) Die Eisenbahn, die man ihm zu Weihnachten geschenkt hatte, langweilte den Jungen bald.

d) Das Auto, dessen Fenster ganz hochgekurbelt waren, stand in der prallen Sonne. (   )

e) Ein Mann, der zufällig hineinschaute, sah, daß das Baby schrie und schon blau angelaufen war. (   )

f) Er alarmierte die Feuerwehr, die mit Blaulicht herbeieilte. (   )

g) Das Thermometer, das man anschließend in das Auto hielt, zeigte 75° C Wärme. (   )

h) Der Säugling, der in höchster Lebensgefahr schwebte, war schon im Krankenhaus. (   )

i) Das Ehepaar, das ahnungslos zurückkehrte, wurde von einer empörten Menschenmenge empfangen. (   )

j) Mit Bestürzung, die nicht gespielt war, erfuhr es (d. Ehepaar), daß eine Anzeige wegen Kindesmißhandlung gemacht worden war. (   )

Ü 3 Forme die Relativsätze durch Partizipien um! Schreibe in die Klammer am Ende des Satzes, welches Partizip du gewählt hast! Kürze ab: Partizip Präsens (PI), Partizip Perfekt (P II). Schreibe deine Sätze in dein Heft!

a) Ein Vorfall, der viele Menschen empört hat, ereignete sich kürzlich in D. (   )

b) Ein Ehepaar hatte sein Auto an einer Straße geparkt, die sehr belebt war. (   )

c) Im Auto blieb der Säugling, der friedlich schlief, als das Ehepaar zum Einkaufen ging. (   )

Übungen zur Zeichensetzung beim Partizip

Ü 1 Setze ein Komma, wo es den Regeln nach gesetzt werden muß!

1a) Die weinende Frau verließ den Saal.

b) Die schrecklich weinende Frau verließ den Saal.

c) Die schrecklich vor sich hinweinende Frau verließ den Saal.

Komplexe Sätze
Partizipialkonstruktionen

2a) Keuchend erreichte der Läufer das Ziel.
 b) Heftig keuchend erreichte der Läufer das Ziel.

c) Heftig und bis zur Erschöpfung keuchend erreichte der Läufer das Ziel.

 Hier fehlen einige Kommas, trage sie ein.

1a) Bockend sträubte sich der Hengst beim Rodeo.
 b) Wild bockend sträubte sich der Hengst beim Rodeo.
 c) Im höchsten Maße wild bockend sträubte sich der Hengst beim Rodeo.

2a) Der tief und fest schlafende Arbeiter wurde noch frühzeitig genug entdeckt.
 b) Der tief schlafende Arbeiter wurde noch frühzeitig genug entdeckt.
 c) Der schlafende Arbeiter wurde noch frühzeitig genug entdeckt.

 Auch hier sind einige Kommas zu ergänzen; anschließend unterstreiche das Partizip.

a) Die blühenden Wiesen gefielen ihm.
b) Über und über mit Blumen bedeckt sahen sie sehr schön aus.
c) Die Berge von weißen Wolkenkissen umgeben beeindruckten ihn sehr.
d) Durch eine kurze Pause erfrischt hatte er wieder Lust zu wandern.
e) Diese schon Generationen von Wanderern beeindruckende Landschaft fesselte auch ihn.
f) Mit dem dicken Rucksack schwer bepackt wanderte er mit großem Spaß durch diese Landschaft.
g) In einer einladenden hübschen Gastwirtschaft ruhte er sich bei einem Bier aus.

 Hier stimmt doch etwas nicht?!
Schreibe eine Begründung in dein Heft!

a) Wild um sich schießend, nahm die Mutter den kleinen Cowboy in die Arme.

Hier stimmt doch was nicht?

b) Der Arzt trat zum Kranken, durch die Operation sehr geschwächt.

c) Fröhlich singend fuhren die Traktoren mit den Arbeitern zum Feld.

d) (Das Haus freiwillig verlassend), nahm die Polizei die Hausbesetzer fest.

e) Im schweren Schneegestöber erreichten sie die Hütte, der Mann und das Pferd, laut vor sich hin fluchend.

f) Mit vielen guten Wünschen versehen, fuhr der Zug mit dem kleinen Jungen los.

b) Gestern erst geschoren, wurde sie von LKW s in die Fabrik gebracht.

c) In ihren Ställen laut mähend, liefen die nackten Schafe herum.

d) Die Scherer, müde beim Kaffee sitzend, betrachteten zufrieden das Bild.

e) Die Farm, in der Abendsonne friedlich leuchtend, war für diese Nacht ihr Quartier.

f) Befriedigt über die Höhe des Lohnes, suchten sie bald ihr Lager in den Ställen auf.

g) Die Männer, gegerbt von Sonne und Wind, waren nicht verwöhnt.

h) Der Farmer aber, bereits die Höhe des Gewinns berechnend, saß noch beim Licht der Petroleumlampe in seinem Arbeitszimmer.

i) Am Morgen wird er der erste sein, laut den Hof zur Arbeit weckend.

 Ü 5 Verbessere die Sätze aus Übung 4 und schreibe sie in dein Heft!

 Ü 6 Setze das Komma! Unterstreiche das Partizip (P) und die Erweiterung (E)!

Auf einer Schaffarm in Australien

a) Zu großen Haufen aufgestapelt, lag die Schafwolle auf der Erde.

 Ü 7 Forme die Konjunktionalsätze mit Hilfe des Partizips Präsens oder des Partizips Perfekt um! Setze ein Komma, wo es nötig ist! Schreibe die Sätze in dein Heft!

a) Er verließ, während er laut fluchte, das Haus.

b) Als er in der Stadt angekommen war, suchte er gleich sein Hotel auf.

c) Sie wurde traurig, wenn sie an ihn dachte.

d) Da er von seiner Begabung überzeugt war, wurde er Pianist.

Komplexe Sätze
Partizipialkonstruktionen

e) Der Mann wagte die Überquerung des Ozeans, obwohl viele ihn gewarnt hatten.

f) Während der Hund aufgeregt bellte, versuchte er, den Dieb zu verscheuchen.

 Ü 8 Setze das Komma!

Aus einem Kitschroman

a) Das Dienstmädchen half, den Wagenschlag öffnend, der zittrigen alten Gräfin ins Auto.

b) Angestrengt schnaufend sank diese in die weichen Polster.

c) Der junge ausländische Chauffeur sang laut schmelzende Lieder von der Sonne und dem Meer seiner Heimat.

d) Tief seufzend lehnte sich die Gräfin in die samtroten Polster des großen Wagens zurück.

e) Sie fuhr versonnen, an ihre selige Jugendzeit denkend, durch die belebte Stadt.

f) Vom rührigen Hauspersonal ehrerbietig erwartet, bog die Limousine in die zum herrschaftlichen Schloß führende alte Lindenallee ein.

g) Die Dienerschaft, von überall herbeigeeilt, umringte die Gräfin.

h) Diese, durch die Freude ihrer Angestellten gerührt, wischte sich verstohlen eine Träne von der Wange, sprach einige freundliche Worte und begab sich dann in ihre Gemächer.

i) Der Koch, von der Ankunft unterrichtet, gab schnell die Anweisungen für das üppige Abendmahl.

j) Vornehm lächelnd lauschte der Graf seiner Gemahlin beim Abendessen.

k) Der alte Herr, zuweilen durch die köstlichen Genüsse auf der Tafel etwas abgelenkt, stellte seiner Frau artige Fragen.

l) Wie ein junges Mädchen aufgeregt, erzählte sie ihm von ihrem amüsanten Nachmittag bei ihren Freundinnen.

m) Ihr Mann, durch den Redeschwall etwas eingenickt, hob verlegen sein Glas und prostete ihr zu, als er merkte, daß sie zu Ende erzählt hatte und ihn mit tadelndem Blick betrachtete.

n) Den Abendtisch verlassend, begaben sich die Herrschaften dann in den Salon, wo Johann, der treue alte Diener, gerade den Sherry in die kostbaren Kristallgläser goß.

Aussageweisen (modus – modi)
Indikativ – Konjunktiv I – Konjunktiv II

In diesem Kapitel lernst du, daß du in der deutschen Sprache die Möglichkeit hast, durch den Gebrauch bestimmter grammatikalischer Formen des Verbs verschiedene Aussageweisen zu verdeutlichen. Zum Beispiel, wenn du ein Ereignis, das wirklich geschehen ist, wiedergibst. Du kannst aber auch verdeutlichen wollen, daß du etwas berichtest, was dir jemand anderes erzählt hat, von dem du aber gar nicht weißt, ob das wirklich so war. Und schließlich hast du noch die Möglichkeit, einfach ein bißchen zu phantasieren oder zu „spinnen", und das willst du jemandem erzählen. Damit der Ärmste das aber merkt, muß du eine bestimmte grammatikalische Form verwenden, sonst hält er alles, was du sagst, für wahr.

In den beiden letzten Fällen spricht man vom Konjunktiv. Seine Formen klingen zum Teil etwas altertümlich und werden von „Berufsschreibern" häufig umschrieben oder gar falsch gebraucht. Darum sind verschiedene Formen des Konjunktivs, zumindest in der Umgangssprache, vom „Aussterben" bedroht. Am Ende des Kapitels werden die Möglichkeiten besprochen, wie der Konjunktiv umschrieben werden kann – ganz ohne ihn geht es nicht!

Katja trifft Sven nach dem Unterricht auf dem Weg zum Bus.

K: „Wir haben heute bei Frisch den Konjunktiv durchgenommen. Du, das ist vielleicht kompliziert!"

S: „Den was?"

K: „Den Konjunktiv. Den brauchst Du für die indirekte Rede und für die Nichtwirklichkeit!"

S: „Hast Du sie noch alle? Das haben wir im Unterricht noch nie gemacht!"

K: „Frisch hat uns gesagt, wenn Lehrer den Konjunktiv nicht behandelten, könnte der betreffende Deutschlehrer ihn wohl auch nicht so richtig! Übrigens kannst Du auch bei Schriftstellern Formen lesen, die mit dem Konjunktiv nix mehr zu tun haben."

S: „Unser Bender hat mal zu uns gesagt, man müsse nur das lernen, was man nicht könne. Wenn man richtig und formvollendet spräche, brauchte man nicht nachträglich 'ne Regel dafür lernen!"

K: „Ich werd' verrückt, hat nie was davon gehört und macht es richtig!"

Kannst du jetzt – zu Beginn dieses Kapitels – schon sagen, welche Formen Sven gebraucht, ohne zu wissen, daß es sich um Konjunktive handelt? (Kleine Hilfe: Es sind 4 Formen!)

Aussageweisen (modus – modi)
Indikativ – Konjunktiv I – Konjunktiv II

möglich, aber nicht sicher:

_____

_____

_____

_____

Auf dem Schulhof standen während der Pause Schüler der 8. Klasse und bildeten einen engen Kreis. Neugierig kam Katja hinzu und hörte, wie Sven versicherte, daß das Glas der Eingangstür nur Klaus aus der 8c zerbrochen haben könne, da er gesehen habe, daß Klaus als letzter aus dem Gebäude gekommen sei.

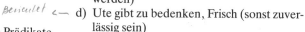 *Annahme*

 *Berichtet* ←

 Ü 1 Unterstreiche alle Prädikate (Satzaussagen) in diesem Text!

Der Lehrer der 7a, Herr Frisch, kommt nicht zum Unterricht. Die Schüler stehen auf dem Hof und denken laut nach:

a) Katja meint, Frisch (sicher keine Lust haben)

b) Jan behauptet, Frisch (bestimmt verschlafen haben)

c) Olli sagt, Frisch (sicher noch kommen werden)

d) Ute gibt zu bedenken, Frisch (sonst zuverlässig sein)

e) Anne glaubt, Frisch (eine Autopanne haben)

Schließlich kommt der Direktor. Dabei stellt sich heraus, daß Herr Frisch krank ist und eine Vertretungsstunde stattfinden wird.

Ü 2 Welche der 8 Satzaussagen sind Tatsachen, welche Aussagen sind möglich oder wahrscheinlich, aber nicht sicher?

Tatsachen:_____

_____

_____

_____

Indikativ – Wirklichkeit
Konjunktiv – Möglichkeit

◇ Ü 3 ◇ Bringe die Sätze a) bis e) in die grammatikalisch richtige Form!

a) _habe_

b) _habe_

c) _werde sicher noch kommen_

d) _sei sonst zuverlässig_

e) _habe_

Merke dir:

Das Verb beinhaltet verschiedene **Aussageweisen** (modi, Singular: modus), die jeweils eine **Stellungnahme** enthalten:

A Der **Indikativ (Wirklichkeitsform)** sagt aus, daß ein Geschehen oder ein Vorgang wirklich so ist oder vom Sprecher als wirklich angesehen wird.

B Der **Konjunktiv I (Möglichkeitsform)** sagt aus, daß ein Geschehen oder ein Vorgang nur berichtet oder angenommen wird. Es ist daher möglich oder wahrscheinlich, aber nicht sicher.

◇ Ü 4 ◇ Wie sind die Aussagen der Schüler zu bewerten im Vergleich zum letzten Satz des Textes? a) bis e)

letzter Satz

Aussageweisen (modus – modi)
Indikativ – Konjunktiv I – Konjunktiv II

In welchen sprachlichen Bereichen wird der Konjunktiv verwendet?

A Den **Konjunktiv** verwendet man, wenn man ein **Geschehen** oder eine **Aussage** für **möglich** hält.

B Den **Konjunktiv** verwendet man deshalb immer, um **etwas Gesagtes wiederzugeben** ---- indirekte Rede
→ In diesen beiden Fällen verwendet man

den **Konjunktiv I**

C Den **Konjunktiv** verwendet man, um **Wünsche** auszudrücken.

D Den **Konjunktiv** verwendet man, um **Erdachtes** auszudrücken, also zur **Darstellung der „Nichtwirklichkeit".**
→ In diesen beiden Fällen verwendet man

den **Konjunktiv II**

(Bezeichnung II entsprechend der 2. Stammform – Präteritum – des Verbs)

Beispiele:

A Das sei bestimmt Klaus gewesen , er habe als letzter das Gebäude verlassen.

Möglichkeit, Vermutung = Konjunktiv I

B Jan meint, Frisch habe bestimmt

verschlafen .

Wiedergabe einer Aussage,
indirekte Rede = Konjunktiv I

C Wenn nur endlich Mutter mit dem Schlüssel käme .

Wunsch, „Nichtwirklichkeit"
(aber möglich) = Konjunktiv II

D Es wäre besser gewesen , wenn du für die Arbeit gelernt hättest .

Wunsch, „Nichtwirklichkeit"
(nicht mehr möglich) = Konjunktiv II

Direkte und indirekte Rede

Konjunktiv I

Zur Wiedergabe von etwas Gesagtem gibt es **zwei Möglichkeiten:**

1. **die direkte oder wörtliche Rede**
2. **die indirekte oder berichtende Rede**

Im folgenden Abschnitt geht es um

Gebrauch	Funktion	Grammatik

der **indirekten Rede**

im Vergleich zur wörtlichen, direkten Rede.

Verwendung

direkte Rede		indirekte Rede
Erlebniserzählung Gespräch Reportage, Interview Bericht Witz eigene Beobachtung	Gebrauch	Wiedergabe von Aussagen und Meinungen anderer vor Gericht zu Protokoll Bericht, Nachrichten Wiedergabe von Beobachtung
Vermittlung von Lebendigkeit, Anschaulichkeit Unmittelbarkeit Spannung direkte Rede schafft Spannung	Funktion	Umsetzung der direkten Rede, Straffung, konzentriert sich auf das Wesentliche, Zusammenfassung, oft dem Sinne nach formulierte Wiedergabe, schafft Distanz

Die Zusammenfassung der wichtigsten grammatikalischen Regeln folgt am
Ende des Kapitels!

Aussageweisen (modus – modi)
Indikativ – Konjunktiv I – Konjunktiv II

Die indirekte Rede

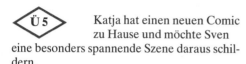

Katja hat einen neuen Comic zu Hause und möchte Sven eine besonders spannende Szene daraus schildern.

Welche Möglichkeiten hat sie?

a) _____

b) _____

Du weißt, wie wichtig es oft ist, daß man nachdenkt, bevor man zu reden beginnt. In diesem Fall ist Katja dein „Vordenker"! Sie überlegt sich nämlich folgendes:

1. Welche <u>Funktion</u> erfüllen die beiden Formen der Redewiedergabe und welche muß ich deshalb verwenden?
2. Welchem <u>Zweck</u> dient meine Redewiedergabe?
3. Welche <u>grammatikalischen Regeln</u> muß ich beachten?

Die folgenden Übungen sollen dir helfen, die richtige Antwort zu finden:
Wann verwende ich *welche Form, warum* tue ich dies und *wie?*

Umwandlungsübungen

Ü 6   <u>Setze in die direkte Rede!</u> (Vergiß nicht die Satzzeichen!)

Wernher sagt zu Wolfram _____

_____

Walther, sein Gefolgsmann, ergänzt _____

_____

_____

Wolfram aber erwidert _____

_____

_____

Ü 7   <u>Setze in die indirekte Rede,</u> indem du die fehlenden Wörter in die Lücken einsetzt!

Wernher sagt zu Wolfram, _sein_ Dorf _mache_ einen friedlichen Eindruck. Walther,

sein Gefolgsmann, ergänzt, auf jeden Fall _sei_ die Atmosphäre ruhiger und die Luft reiner

als bei _ihnen_. Wolfram aber erwidert, _sie sollten_ es nur abwarten. Unter den

Strohdächern _ihrer_ Hütten _brodele_ ein Vulkan, der beim kleinsten Anlaß

ausbrechen könne.

67

Aussageweisen (modus – modi)
Indikativ – Konjunktiv I – Konjunktiv II

Wenn du beide Texte ergänzt und auf Richtigkeit überprüft hast:

 Welche **Unterschiede** kannst du zwischen den beiden Texten feststellen?

	direkte Rede	indirekte Rede
Satzzeichen	a) _____ b)_____ c)_____	a) _____ b)_____
Pronomen	a) _____(Dorf) b) (bei) _____ c) _____(Hütten)	a) _____(Dorf) b) (bei)_____ c) _____(Hütten)
Verbformen	a) _____ b) _____ c) _____ d) _____ e) _____	a) _____ b) _____ c) _____ d) _____ e) _____

in beiden Texten gemeinsam:

a) _____   b) _____   c) _____

Merkmale der direkten und der indirekten Rede

Anhand dieser Gegenüberstellung kannst du bereits die **wichtigsten Merkmale** der
a) **direkten Rede** und der
b) **indirekten Rede** erkennen:

Merke dir:

Merkmale der direkten Rede:

1. Die ursprüngliche Rede wird **wörtlich** wiedergegeben.
2. Die wörtliche Redewiedergabe erfolgt nach einem **Doppelpunkt** und steht immer in **Anführungszeichen**.
3. Diese Art der Wiedergabe vermittelt **Lebendigkeit** und **Anschaulichkeit**. (siehe auch: Mentor, Bd. 16, Kap. 1 „Erzählen"!)

Merkmale der indirekten Rede:

1. **Pronomen** (Personal- und Possessivpronomen) der 1. und 2. Person werden jeweils in die **3. Person** gesetzt (**dein** Dorf --- **sein** Dorf).
2. In der indirekten Rede muß bei den **Verben** der **Konjunktiv I** verwendet werden, (dein Dorf **macht** --- sein Dorf **mache**)

Aussageweisen (modus – modi)
Indikativ – Konjunktiv I – Konjunktiv II

Übung zur direkten und indirekten Rede:

Die Entführung

In der Nacht zum 26. Februar 1985 kam ein Mann zur Polizeiwache in Baumbach und berichtete den beiden anwesenden Polizisten A. und B., daß er das Opfer einer Entführung geworden sei.

Reportern gegenüber berichtet <u>Polizist A.</u> am nächsten Morgen:

Am 26. 2. 85 kam Herr W. gegen 4 Uhr morgens zur Wache und machte folgende Aussage:["Ich bin gestern Abend aus meiner Villa entführt worden. Während meine Frau schlief, saß ich noch am Schreibtisch in meinem Arbeitszimmer. Gegen Mitternacht hörte ich ein Geräusch aus meiner Garage, das mich veranlaßte, hinauszugehen und nachzusehen. Als ich vor meine Haustüre trat, wurde ich von 2 Männern überwältigt, die dort offensichtlich auf mich gewartet hatten. Ich wollte meine Frau zu Hilfe rufen, doch als ich den Mund aufmachte, schrie der eine Entführer den anderen an: ,Nun knebele ihn doch endlich!' Dieser handelte sofort und betäube mich dann noch mit Chloroform. Was weiter passierte, kann ich nicht sagen. Als ich aufwachte, lag ich im Kofferraum eines Autos, das fürchterlich nach Diesel stank. Kurze Zeit danach warfen mich 2 Männer, ich weiß nicht, ob es dieselben waren, die mich vor dem Haus entführten, denn sie redeten nicht miteinander, aus dem Auto in den Straßengraben hier in der Nähe. Nach einigem Suchen fand ich

Der <u>Polizist B.</u> hat noch in der Nacht folgendes Protokoll geschrieben:

Am 26. 2. 85 kam Herr W. gegen 4 Uhr morgens zur Wache und machte folgende Aussage:[Er sei gestern Abend aus seiner Villa entführt worden. Während seine Frau geschlafen habe, habe er noch am Schreibtisch in seinem Arbeitszimmer gesessen. Gegen Mitternacht hörte er ein Geräusch aus seiner Garage, das ihn veranlaßt habe, hinauszugehen und nachzusehen. Als er vor seine Haustür getreten sei, sei er von 2 Männern überwältigt worden, die dort offensichtlich auf ihn gewartet hätten. Er habe seine Frau zu Hilfe rufen wollen, doch als er den Mund aufgemacht habe, habe der eine Entführer den anderen angeschrien, er solle ihn doch endlich knebeln. Dieser habe sofort gehandelt und ihn dann noch mit Chloroform betäubt. Was weiter passiert sei, könne er nicht sagen. Als er aufgewacht sei, habe er im Kofferraum eines Autos gelegen, das fürchterlich nach Diesel gestunken habe. Kurze Zeit danach hätten ihn 2 Männer, er wisse nicht, ob es dieselben gewesen wären, die ihn vor dem Haus entführt hätten, denn sie hätten nicht

Übungen zur direkten und indirekten Rede

dann die Polizeiwache hier. Ich weiß nicht, warum man mich entführte, geschweige denn, warum man mich jetzt wieder freigelassen hat."
Daraufhin verständigten wir sofort die Kripo in Langenberg und die Familie von Herrn W.

miteinander geredet, aus dem Auto in den Straßengraben hier in der Nähe geworfen. Nach einigem Suchen habe er dann die Polizeiwache gefunden. Er wisse nicht, warum man ihn entführt habe, geschweige denn, warum man ihn jetzt wieder freigelassen hätte.
Daraufhin verständigten wir sofort die Kripo in Langenberg und die Familie von Herrn W.

Durch den Vergleich der beiden Berichte kannst Du nun die wichtigsten Unterschiede zwischen direkter und indirekter Rede üben:

→ Die Veränderung
von Personalpronomen
   (persönl. Fürwort)
und Possessivpronomen
   (besitzanzeigendes Fürwort)

 Ü 9 Trage in die folgende Tabelle die ersten 20 Pronomen ein, indem du jeweils Satz für Satz nebeneinander im Bericht des Polizisten A. und im Bericht des Polizisten B. liest und vergleichst!

Bericht von:

	A.	B.
1		
2		
3		
4		
5		
6		
7		
8		

	A.	B.
9		
10		
11		
12		
13		
14		
15		
16		
17		
18		
19		
20		

Beim Vergleich der Spalten A und B siehst du die Veränderungen bei den Pronomen und kannst die Regel vielleicht selbst formulieren?!

Merke dir:

> **In der indirekten Rede stehen alle Pronomen (Personal- und Possessivpronomen) in der 3. Person!**

71

Aussageweisen (modus – modi)
Indikativ – Konjunktiv I – Konjunktiv II

Beachte aber:	direkte Rede	indirekte Rede *(ich habe gehört . . .)*
das Kind	**Ich** bin zu **meiner** Mutter gelaufen	**Es** sei zu **seiner** Mutter gelaufen
die Mutter	**Ich** bin zu **mei-nem** Sohn ge-laufen	**Sie** sei zu **ihrem** Sohn gelaufen
der Vater	**Ich** bin zu **mei-nem** Sohn ge-laufen	**Er** sei zu **seinem** Sohn gelaufen

Merke dir:

> Bei der Umwandlung der direkten in die indirekte Rede muß das Pronomen in der 3. Person gewählt werden, das dem Genus (Geschlecht) des Wortes entspricht, auf das es sich bezieht!

A   Der Zoobesuch → direkte Rede

Die Eltern gehen mit ihrem Kind in den Zoo. Am Eingang sagt das Kind zu seiner Mutter: „Ich freue mich so sehr darüber, daß du mei-nen Papi überredet hast, mit mir in den Zoo zu gehen." Die Mutter antwortet: „Dazu

Personalpronomen
Possessivpronomen

mußte ich deinen Papa gar nicht überreden,
er war sofort einverstanden, mit dir und mir
hierherzufahren, das kannst du mir glauben!"
Und der Vater fügte noch hinzu: „Ich bereue
unseren Entschluß nicht. Ich war auch schon
lange nicht mehr im Zoo und freue mich deshalb genauso wie du, mein Kind. Übrigens ist
es doch richtig gewesen, daß du deinen Hund
zu Hause gelassen hast, denn wir dürften ihn
nicht mit in den Zoo nehmen."

 Unterstreiche zunächst in
diesem Text alle Personal-
pronomen rot (18!) und dann alle Possessivpronomen blau (7!).

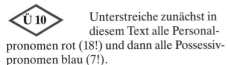 Trage alle Personalpronomen in die folgende Tabelle in der Reihenfolge ein,
wie sie im Text stehen! (Die Spalte „3. Person" bleibt noch offen.)

	Text A	B			Text A	B
	1./2. Person	3. Person			1./2. Person	3. Person
1				10		
2				11		
3				12		
4				13		
5				14		
6				15		
7				16		
8				17		
9				18		
	dir. Rede	indir. Rede			dir. Rede	indir. Rede

Aussageweisen (modus – modi)
Indikativ – Konjunktiv I – Konjunktiv II

Ü 12   Trage in den Lückentext die richtigen Pronomen ein!

B <u>Der Zoobesuch</u> → indirekte Rede

Die Eltern gehen mit _____ Kind in den Zoo. Am Eingang sagt das Kind zu

_____ Mutter, _____ freue sich so sehr darüber, daß _____ _____ Papi

überredet habe, mit _____ in den Zoo zu gehen. Die Mutter antwortet, _____ habe

dazu _____ Papa gar nicht überreden müssen. _____ wäre sofort einverstanden

gewesen, mit _____ und _____ hierherzufahren, das könne _____

_____ glauben. Und der Vater fügte hinzu, _____ bereue _____ Entschluß

nicht. _____ wäre auch schon lange nicht mehr im Zoo gewesen und freue sich deshalb

genauso wie _____, _____ Kind. Übrigens sei _____ doch richtig gewesen, daß

_____ _____ Hund zu Hause gelassen habe, denn _____ dürften _____
nicht mit in den Zoo nehmen.

Unterstreiche auch in diesem Text alle Personalpronomen rot und alle Possessivpronomen
blau.

Ü 13   Trage nun die rot unterstrichenen Personalpronomen, die ja hoffentlich alle in der 3. Person stehen, in die noch offene Spalte der Tabelle **Ü 11** ein!

Ü 14   Vergleiche nun in der Tabelle **Ü 11** die Personalpronomen, die im Text mit der direkten, wörtlichen Rede verwendet wurden, mit denen, die du im Lückentext – indirekte Rede – eingesetzt hast!

Daraus kann man eine Übersicht erstellen, wie Personalpronomen dekliniert (= gebeugt = in die verschiedenen Personen und Fälle gesetzt) werden.

Deklination der Personalpronomen

Deklination der Personalpronomen

Numerus		Singular				Plural		
Person		1.	2.	3.			1.	2.	3.
Genus		–	–	Maskulinum	Femininum	Neutrum	–	–	–
Kasus:	Nom.	ich	du	er	sie	es	wir	ihr	sie
	Gen.	meiner	deiner	seiner	ihrer	seiner	unser	euer	ihrer
	Dat.	mir	dir	ihm	ihr	ihm	uns	euch	ihnen
	Akk.	mich	dich	ihn	sie	es	uns	euch	sie

Achtung: Bei allen gleichlautenden Formen muß Person, Genus, Numerus und Kasus jeweils aus dem Textzusammenhang ermittelt werden!

Du hast gelernt, daß sich neben den Personalpronomen auch die Possessivpronomen verändern (S. 71) Diese müssen bei der Umwandlung der direkten Rede in die indirekte Rede ebenfalls in die 3. Person gesetzt werden.

Ü 15 Stelle die in den beiden Texten „Der Zoobesuch" verwendeten Possessivpronomen (sie sind blau unterstrichen!) in einer Tabelle gegenüber!

Text A	Text B

Aussageweisen (modus – modi)
Indikativ – Konjunktiv I – Konjunktiv II

 Ü 16 Warum verändern sich in **Ü 15** die
beiden ersten Formen nicht?

Die wichtigsten Formen des Possessivpronomens

in der direkten Rede	in der indirekten Rede	
1. Person: mein 2. Person: dein	3. Person: sein ihr	Singular
1. Person: unser 2. Person: euer	3. Person: ihr	Plural

Auch hier gilt: Bei gleichlautenden Formen
muß die gemeinte Form aus dem Textzusammenhang ermittelt werden. Vermeide solche
Unklarheiten!

Ein Beispiel für einen schwachen, da mißver-
ständlichen Ausdruck:

Habt $\underset{\text{a.}}{\underline{\text{ihr}}}$ $\underset{\text{b.}}{\underline{\text{ihr}}}$ $\underset{\text{c.}}{\underline{\text{ihr}}}$ Essen gegeben?

a) Personalpronomen, Nominativ, 2. Person,
   Plural
b) Personalpronomen, Dativ, 3. Person
   (Femininum), Singular

c) Possessivpronomen, Akkusativ, 3. Pers.
   (Femin.), Singular

 Ü 17 Verändere den Satz so, daß
keine gleichlautenden For-
men mehr vorkommen, aber der Satzsinn erhalten bleibt!

Du hast in den Aufgaben **9** bis **17** geübt, daß
sich die Pronomen bei der Umformung von
der direkten in die indirekte Rede verändern:

1./2. Person → 3. Person

Diese Veränderung hat weitere Folgen!

Ü 18 Welche **Wortart** muß sich
damit automatisch auch

verändern? _____
In den folgenden Aufgaben geht es also dar-
um, wie sich die Verben in der indirekten
Rede verändern:

Veränderung der Verben

Ü 19 Schlage noch einmal den Text „Die Entführung" (S. 70) auf und <u>unterstreiche</u> im Bericht des Polizisten A., der in der _____ Rede verfaßt ist, alle Prädikate = Satzaussagen (s. Mentor, Bd. 15, S. 95). Eine kleine Hilfe: Es sind <u>27</u> Prädikate enthalten! Es beginnt mit: „. . . . <u>bin entführt worden</u> . . . "

Ich bin entführt worden!

Ü 20 <u>Unterstreiche</u> im Protokoll des Polizisten B. ebenfalls alle Prädikate (logisch: es müssen auch hier 27 sein!)

Ü 21 Trage in die folgende Tabelle die ersten <u>15 Prädikate</u> aus beiden Texten ein!

Polizist A. / direkte Rede	Polizist B. / indirekte Rede

Aussageweisen (modus – modi)
Indikativ – Konjunktiv I – Konjunktiv II

Polizist A. / direkte Rede	Polizist B. / indirekte Rede

Aus dieser Gegenüberstellung kannst du ablesen, daß sich
die Aussageweise (der Modus)
verändert hat.

a) Der Polizist A. gibt die Entführungsgeschichte des Herrn W. in der direkten Rede wieder, so, wie Herr W. die Geschichte erzählt hat, also in der Wirklichkeitsform = Indikativ .
Der Bericht des Polizisten A. wirkt unmittelbar und lebendig, ja fast spannend.

b) Der Polizist B. gibt die Aussage des Herrn W. in der indirekten Rede wieder und berichtet in seinem Protokoll von der Entführung in der Möglichkeitsform = Konjunktiv I . Der Bericht des Polizisten B. wirkt sachlich und distanziert.

Merke dir:

> Bei der Umwandlung der direkten Rede in die indirekte Rede oder umgekehrt verändern sich:
> 1. **Das Pronomen**
> 2. **Die Personalform des Verbs**
> 3. **Der Modus des Verbs**
>   (Indikativ / Konjunktiv)

Die Verwendung des Konjunktivs macht erfahrungsgemäß Schülern (aber auch Erwachsenen!) große Schwierigkeiten. Darum versuchen viele Menschen, den Konjunktiv zu vermeiden oder zu umschreiben, oder sie verwenden ihn einfach falsch.

Eindeutige Konjunktivformen gibt es nur in der 3. Person Singular. Da bei der indirekten Rede der Sprecher immer in die 3. Person gesetzt wird, ist das eigentlich gar nicht so schwer!

Bildung des Konjunktiv I Präsens

Erweitere die folgende Tabelle durch eigene Beispiele:

| | Präsens | |
	Indikativ	Konjunktiv I
Infinitiv	3. Pers. Sing.	3. Pers. Sing.
sagen	er sagt	er sage
glauben	er glaubt	er glaube
wissen	er weiß	er wisse
hoffen	er hofft	er hoffe
geben	er gibt	er gebe
laufen	er läuft	er laufe

Wenn du jetzt genau hinsiehst, kannst du erkennen, nach welcher Regel der **Konjunktiv I / Präsens** in der 3. Person Singular immer gebildet wird:

→ **Wortstamm** = **Infinitivform ohne -n**
(er) <u>sage</u> (-n)
(er) <u>gebe</u> (-n)

oder

→ **Imperativform** (er) sage (!)
(er) gebe (!)

So kannst du von allen Verben den Konjunktiv I der Gegenwart (Präsens) bilden!

Ü 22 Forme die direkte in die indirekte Rede um!

a) Klaus sagt: „Ich mache Hausaufgaben."

_____

b) Tina meint: „Ich laufe in die Stadt."

_____

c) Kurt wendet ein: „Ich weiß das doch schon."

_____

d) Oliver bestätigt: „Ich höre genau zu."

e) Kai sagt: „Ich gehe zum Fußballplatz."

f) Ulla antwortet: „Ich gebe dir das Eintritts-geld."

Merke dir:

> Charakteristisch für die indirekte Rede ist, daß sie **unabhängig vom Tempus der Redeeinführung** ist!

Beispiel
Klaus sagt,
Klaus sagte,   er **mache** Hausaufgaben.
Klaus wird sagen,

Es ist aber ein | Unterschied |,

a) ob Klaus | gerade | Hausaufgaben macht,

b) ob Klaus | vorher | Hausaufgaben gemacht hat.

c) ob Klaus | demnächst | Hausaufgaben macht,

Danach richtet sich, ob in der indirekten Rede der

a) **Konjunktiv Präsens:** er **mache** Hausaufgaben

b) **Konjunktiv Perfekt:** er **habe** Hausaufgaben **gemacht**

c) **Konjunktiv Futur:** er **werde** Hausaufgaben **machen**

verwendet werden muß!

Dazu die folgende Übung:

Die Klassenkonferenz ist zusammengetreten, um darüber zu beraten, warum Klaus in den letzten Wochen einen so starken Leistungsabfall zu verzeichnen hat. Über die Ursachen sind die Lehrer verschiedener Meinung: Einige sind davon überzeugt, es handle sich um einen Leistungsabfall, der durch die Reifentwicklung zwar nicht zu entschuldigen, aber

Ü 23   Was änderte sich an den Sätzen in der indirekten Rede, wenn die Redeeinführungen im Präteritum stünden (sagte, meinte, usw.)? *nichts*

Ü 24   Was änderte sich, wenn sie im Futur stünden (wird sagen, wird meinen, usw.)? *nichts*

doch zu erklären sei. Auch in den vergangenen Jahren habe man diese entwicklungsbedingte Phase bei Schülern als Ursache für mangelnde Leistungsbereitschaft festgestellt. Diese Leistungsschwankung werde auch bei künftigen Schülergenerationen auftreten, wenn die Schüler in einem bestimmten Alter seien.

Andere Lehrer betonen dagegen, die mangelhaften Leistungen von Klaus seien auf die augenblickliche Faulheit des Schülers zurückzuführen. Gerade dieser Schüler habe auch in den vergangenen Schuljahren immer wieder Phasen gehabt, in denen er nichts für die Schule getan habe. Man müsse deshalb jetzt dafür sorgen, daß Klaus fleißiger arbeite. Er müsse wissen, daß er auf diese Art keinen vernünftigen Schulabschluß erreichen werde.

 Ü 25 Stelle in der folgenden Tabelle alle Verbformen dieses Berichts zusammen, die folgende Konjunktive enthalten:

a) <u>Konjunktiv Präsens</u> (für <u>Gleich</u>zeitigkeit)

_____

_____

_____

b) <u>Konjunktiv Perfekt</u> (für <u>Vor</u>zeitigkeit)

_____

_____

c) <u>Konjunktiv Futur</u> (für <u>Nach</u>zeitigkeit)

_____

_____

Aussageweisen (modus – modi)
Indikativ – Konjunktiv I – Konjunktiv II

 Ü 26 Stelle einmal die Formen des Indikativs Präsens sowie die Konjunktive I und II von „haben" nebeneinander!

	Person	Indikativ Präs.	Konjunktiv I	Konjunktiv II
Singular	1	ich habe		
	2			
	3	er habe		
Plural	1			
	2			ihr hättet
	3			

 Ü 27 Unterstreiche die <u>gleichlautenden Formen</u> des Indikativs und des Konjunktivs I rot!

Merke dir:

> Der Modus der indirekten Rede ist grund-
> sätzlich der **Konjunktiv I**.
> Wenn sich die Formen des Konjunktivs
> nicht von den Formen des Indikativs un-
> terscheiden, treten an ihre Stelle die For-
> men des **Konjunktivs II**.

<u>Das Schulfest</u>

Sven kommt vom Schulfest nach Hause und
erzählt: „Ich war mit Katja auf dem Schulfest.
Am besten gefielen uns die Tanzvorführun-
gen. Wir haben unheimlich viel Spaß gehabt.
Am meisten lachten wir über Herrn Röper,
unseren Mathelehrer, der das Tanzen auch
versuchte, es aber gar nicht konnte. Später
spielten noch der Fanfarenzug und die Band
der Musikschule und sie brachten eine tolle
Stimmung auf das Fest. Wir wollten eigentlich
noch länger bleiben, aber Katja und Ellen
mußten nach Hause gehen."

82

Konjunktiv II statt Konjunktiv I

 Ü 28

a) Unterstreiche alle Pronomen blau, die bei der Umwandlung von der direkten in die indirekte Rede geändert werden müssen!

b) Unterstreiche alle Verbformen rot, die bei der Umwandlung in die indirekte Rede in den Konjunktiv gesetzt werden müssen!

 Ü 29

Forme nun den Text in die indirekte Rede um!

Sven kommt vom Schulfest nach Hause und erzählt, er . . .

 Ü 30

Unterstreiche in deinem Text die Formen des Konjunktivs II, die du verwenden mußtest, weil die entsprechenden Formen des Konjunktivs I genauso lauten, wie die des Indikativs! (Es müßten insgesamt 7 Konjunktive II sein!)

Indikativ Präsens	Konjunktiv I	Konjunktiv II
ich habe	ich habe	ich hätte
du hast	du habest	du hättest
er hat	er habe	er hätte
wir haben	wir haben	wir hätten
ihr habt	ihr habet	ihr hättet
sie haben	sie haben	sie hätten

 Ü 31

a) Sieh dir noch einmal in der Tabelle auf Seite 82 die gleichlautenden Formen von Indikativ und Konjunktiv I an.

b) Unterstreiche die jeweiligen Ersatzformen des Konjunktivs II blau!

c) Stelle jetzt die gültige Reihe des Konjunktivs in der indirekten Rede für das Verb „haben" auf!

ich _____

du _____

er _____

wir _____

ihr _____

sie _____

Der folgende Text stammt aus dem Jugendbuch von
Boy Lornsen
<u>Feuer um Mitternacht</u>

„Was wissen Sie über Sönderup?" fragte Bank. „Er war ein Außenseiter", antwortete Taekert, „mit dem das Dorf nicht recht fertig wurde. Er war ein Sonderling, der sich wenig um andere kümmerte. Er war meistens schroff, konnte aber auch überraschend liebenswürdig sein. Eigentlich kein Ekel, jedenfalls habe ich ihn nicht für eins gehalten. Sönderup ist in jungen Jahren von einer Nachbarinsel herübergekommen und wurde von einem kinderlosen Ehepaar adoptiert. Er war Sparkassenleiter, als solcher nicht beliebt, aber ungewöhnlich tüchtig in seinem Fach. Er spekulierte glücklich in Aktien, wurde immer gesagt. Er vermietete nicht an Sommergäste – das gilt in Tarrafal als Zeichen für besonderen Wohlstand. Alles zusammen: Ein Mann, der sich nicht seiner Umgebung anpaßte, der gegen den Strom schwamm und darum Gerede und Neider auf sich ziehen mußte." . . .

Aussageweisen (modus – modi)
Indikativ – Konjunktiv I – Konjunktiv II

 Setze diesen Text in die indirekte Rede!

 Welche Schwierigkeiten hattest du bei der Verwendung der Personalpronomen?

 Welcher der beiden Texte klingt deiner Meinung nach besser? Begründe deine Meinung.

 Setze den folgenden Text – die Fortsetzung der oben begonnenen Geschichte – in die direkte Rede!

Ob Sönderup Feinde gehabt habe. Ob es Menschen gebe, die Grund gehabt hätten, ihn zu hassen. Ob es Streit oder ernsthafte Meinungsverschiedenheiten gegeben habe. Bank schoß eine Serie von Fragen ab, die er immer wieder stellte.

Die Fragen behagten Tackert nicht. Er rauchte umständlich eine Zigarre. Er könne ihm keine Namen geben, antwortete er zögernd, Bank war für ihn ja ein Fremder. Er werde es wohl von anderen hören, daß Peter Sönderup und Niclas Hageldorn sich nicht gewogen gewesen seien. Dabei sei das wohl mehr von Sönderup ausgegangen. Sönderup habe den Laden seines Nachbarn nicht betreten. Es habe einen Streit zwischen den beiden gegeben um eine Straßenlaterne. Jeder habe sie auf seiner Straßenseite haben wollen. Ob er – Bank – daraus eine Feindschaft konstruieren wolle. Er tue das nicht.

Beachte bei der Bearbeitung der Aufgabe
Ü 35:

a) Zeichensetzung in der direkten Rede!
b) Richtige Tempusbildung!
c) Richtige Umwandlung der Personalpronomen!
und
d) Satzfragen ohne Fragewort in der direkten Rede werden in der indirekten Rede mit „ob" umschrieben!

Beginne also so: „Hatte S. Feinde? Gibt es Menschen, die Grund hatten, ihn zu hassen?. . ."

Merke dir:

> Die **direkte Rede** vermittelt **Anschaulichkeit, Lebendigkeit** und **Spannung.** Sie ist deshalb z. B. in Erzählungen, Erlebnisberichten oder Reportagen ein notwendiger Bestandteil.

„Warum mußtest du heute nachsitzen?" „Ich habe mich geweigert, jemanden zu verpetzen!" „Aber das ist doch richtig! Worum ging's denn?" „Ach, mein Lehrer wollte von mir wissen, wer der Mörder von Julius Caesar war!"

Paulchen läuft weinend zur Mutter: „Vati hat sich mit dem Hammer auf den Daumen gehauen." Die Mutter tröstet ihn: „Aber deshalb mußt du doch nicht weinen." „Zuerst habe ich ja auch gelacht!"

Umformung in die indirekte Rede

Ü 36 Probiere die Umformung in die indirekte Rede! Was stellst du fest? Für welche Form der Wiedergabe würdest du dich entscheiden?

Merke dir:

> Bei **Scherzen** oder **Witzen** muß die **direkte Rede** erhalten bleiben, weil nur so die Pointe – der Witz – herauskommt. Bei einer Wiedergabe in der indirekten Rede wird die Pointe zerstört!

Bert Brecht

Herrn K.s Lieblingstier

Als Herr K. gefragt wurde, welches Tier er von allen schätze, nannte er den Elefanten und begründete dies so: Der Elefant vereint List mit Stärke. Das ist nicht die kümmerliche List, die ausreicht, einer Nachstellung zu entgehen, oder ein Essen zu ergattern, indem man nicht auffällt, sondern die List, welcher die Stärke für große Unternehmungen zur Verfügung steht. Wo dieses Tier war, führt eine breite Spur. Dennoch ist es gutmütig, es versteht Spaß. Es ist ein guter Freund, wie es ein guter Feind ist. Sehr groß und schwer, ist es doch auch sehr schnell. Sein Rüssel führt einem enormen Körper auch die kleinsten Speisen zu, auch Nüsse. Seine Ohren sind verstellbar: Er hört nur, was ihm paßt. Er wird auch sehr alt. Er ist auch gesellig, und dies nicht nur zu Elefanten. Überall ist er beliebt und gefürchtet. Eine gewisse Komik macht es möglich, daß er sogar verehrt werden kann. Er hat eine dicke Haut, darin zerbrechen die Messer; aber sein Gemüt ist zart. Er kann traurig werden. Er kann zornig werden. Er tanzt gern. Er stirbt im Dickicht. Er liebt Kinder und andere kleine Tiere. Er ist grau und fällt nur durch seine Masse auf. Er ist nicht eßbar. Er kann gut arbeiten. Er trinkt gern und wird fröhlich. Er tut etwas für die Kunst: Er liefert Elfenbein.

Aussageweisen (modus – modi)
Indikativ – Konjunktiv I – Konjunktiv II

a) Unterstreiche in Brechts Geschichte alle Verben!

b) Forme die direkte Rede des Herrn K. in die indirekte Rede um! Beginne so:
Der Elefant <u>vereine</u> List mit Stärke. Das <u>sei</u> . . .

Den Text von B. Brecht kann man gut in die indirekte Rede umformen, weil er dadurch seine <u>Ausdruckskraft</u> nicht verliert!
Die wörtliche Rede dient in diesem Text nicht der lebendigen Wiedergabe oder gar einer Spannung.

Merke dir:

> Die **Anwendungsgebiete** für die **indirekte Rede** liegen vor allem hier:
> a) in Protokollen
> b) in Berichten (v. a. in Medien)
> c) in Nachrichtentexten
> d) in Inhaltsangaben
> (s. dazu: Mentor, Band 16, Seite 94 und 152.)
>
> Die indirekte Rede zielt auf die **Straffung und Zusammenfassung** von Gesprächen und auf die Wiedergabe von Gesagtem mit einer **sachlichen Distanz.**

Dies soll an einem <u>Zeitungstext</u> verdeutlicht werden:
Am 6. 2. 1985 erschien in der „Rheinischen Post" der <u>„Bericht des Bundesbeauftragten für den Datenschutz, Baumann, für 1984."*)</u>

Bonn. – Die Notwendigkeit des Datenschutzes werde in der Bundesrepublik allgemein anerkannt, der Schutz der Daten sei weitgehend gewährleistet, die rasant fortschreitende Entwicklung der Technik führe nicht in die Krise. Diese Schlußfolgerungen zog gestern in Bonn der Bundesdatenschutzbeauftragte in seinem Jahresbericht über 1984. Allerdings habe es auch Verstöße und Nachlässigkeiten gegeben. Baumann erläuterte weiter, wir lebten nicht in einem Überwachungsstaat und es gebe auch keine Anzeichen dafür. Im „Orwell-Jahr" 1984 habe es noch keine Skandale durch Bundesbehörden gegeben. Zwar sei man heute technisch dem von Orwell beschriebenen Überwachungsstaat weit voraus, doch schaffe Technik alleine noch keine Unterdrückung oder Überwachung. Verstöße gegen Datenschutzbestimmungen passierten vor allem durch Nachlässigkeiten oder fehlerhafte Anwendung der Bestimmungen. Allerdings gebe es teilweise unterschiedliche Rechtsauffassungen; daher müsse der Gesetzgeber in Bund und Ländern die Bestimmungen klarer fassen. Baumann rügte, daß man hier im vergangenen Jahr keinen Schritt weiter gekommen sei; dies sei enttäuschend.

Unterstreiche in diesem Nachrichtentext alle Konjunktiv-Formen rot!

Ü 39 Forme die indirekte Rede mündlich in die direkte Rede um! Beginne so: In einem Gespräch vor der Presse sagte der Datenschutzbeauftragte der Bundesrepublik, Baumann: „. . .

---

*) leicht gekürzter und veränderter Text von H. Schweden.

Umformung in die indirekte Rede

Vermutlich wirst du folgendes festgestellt haben:

Der ursprüngliche Zeitungstext ist in der Form der indirekten Rede distanzierter, sachlicher und er klingt „besser". (Daß es für dein Gefühl in der ursprünglichen Form besser klingt, liegt natürlich auch daran, daß du diese Form der Nachrichtenweitergabe, der Information durch die Medien *so gewöhnt bist!!*)

Ein weiteres Beispiel dafür, welche Form der Redewiedergabe angemessen ist: **Das Interview.**

Im folgenden der Auszug aus einem Interview mit dem Schriftsteller HEINRICH BÖLL, das der Journalist W. Koch führte:

„Herr Böll, wie schreiben Sie, wann schreiben Sie, wo schreiben Sie – . . ."

„Ich arbeite sehr langsam, schreibe aber sehr schnell, meistens tagsüber, sagen wir morgens zwischen 10 und 2, um die Frage wie und wann zu beantworten. Das Wo ist mir bis heute, ich weiß nicht, wie das im kommenden Alter sein wird, ziemlich gleichgültig. Ich brauche ein Zuhause, aber dieses Zuhause ist schnell erstellt – ich brauche eigentlich nur einen Tisch, der nicht wackelt, einen Stuhl der zum Tisch paßt, und in der Nähe eine Gelegenheit, um mir die Hände zu waschen – nicht viel mehr."

„Nun noch auf das Wie bitte, schreiben Sie mit der Hand, mit dem Federhalter, mit der Maschine?"
„Ach, Sie meinen das. Ja, ich schreibe meistens sofort in die Maschine, korrigiere aber dann – und die Korrekturen nehmen einen großen Teil ein – mit der Hand, mit einem Bleistift."

„Sie fangen einen Roman an und schreiben ihn nicht zu Ende – hat es das auch schon gegeben?"
„Ja, das hat es gegeben. Es hat auch den Fall gegeben, daß ich einen Roman zu Ende geschrieben und nicht publiziert (veröffentlicht) habe – beides."

 Setze diesen Teil des Interviews in die indirekte Rede!
Ergänze jeweils die Redeeinführungen so:
Koch fragte Böll, wie er schreibe . . .
Böll antwortete, er arbeite . . . usw.

Im folgenden Text steht die Fortsetzung eben dieses Interviews in der indirekten Rede (veröffentlicht wurde es natürlich so, wie es geführt wurde – in der dir. Rede!)

W. Koch fragte Böll weiter, ob die Handlung, ehe er einen Roman anfange, feststehe, ob er wisse, was komme, ob er wisse, was passiere, ob er den Schluß wisse. Böll antwortete nein, das stehe nicht fest, besonders deswegen, weil ihn Handlung als solche, also im Sinne der epischen (erzählerischen) Technik, gar nicht so sehr interessiere. Ihn interessierten Personen, Situationen, mehr innere Vorgänge – und das, was man im eigentlichen Sinne Handlung nenne, Aktion, könne gar nicht feststehen. (. . .)

Koch fragte Böll weiter, bevor er einen Roman anfange, ob er sich Notizen mache, und wenn ja, wie diese Notizen aussähen. Böll antwortete, er mache sich gar keine Notizen, er habe ein paar Stichworte, die Personen . . . Das Eigentliche ergäbe sich während der Arbeit.

Aussageweisen (modus – modi)
Indikativ – Konjunktiv I – Konjunktiv II

◁ Ü 41 ▷ Setze diesen 2. Teil in die direkte Rede! Achte auch hier wieder auf die Zeichensetzung, die richtigen Personalpronomen und die Rückwandlung der Konjunktive in den Indikativ!

„Herr Böll, ehe Sie . . .

_____

_____

_____

_____

◁ Ü 42 ▷ Vergleiche die beiden Texte 40 und 41!

a) Welche Wirkung üben sie auf den Leser aus?

b) Für welche Form der Wiedergabe würdest du dich entscheiden? Begründe deine Meinung!

Suche weitere Verben! (Im Lösungsheft stehen ca. 40 Verben, mindestens die Hälfte solltest du selbst finden, ehe du nachsiehst!!)

◁ Ü 43 ▷ Bei der Wiedergabe von Dialogen oder Gesprächen in der indirekten Rede benötigst du eine große Zahl von **Verben zur Redeeinführung,** um die Wiedergabe sprachlich möglichst abwechslungsreich und angemessen gestalten zu können!

sagen, sprechen, antworten, . . .

_____

_____

_____

_____

_____

_____

Bisher hast du die Umwandlung von der direkten in die indirekte Rede (bzw. umgekehrt) fast ausschließlich anhand von Aussagen oder Aussagesätzen geübt.
In den folgenden Beispielen kannst du üben, wie

a) Fragesätze und

b) Aufforderungssätze/Befehlssätze

umzuwandeln sind.

Direkte Rede:
a) Jan fragt: „Mutti, kommst du gleich zurück ? “
b) Mutter antwortet: „Komm doch mit ! “

Indirekte Rede:
a) Jan fragt die Mutter, **ob** sie gleich zurückkomme.
b) Mutter antwortet, er **solle** doch mitkommen.

Satzfragen und Imperativ

Merke dir:

a) **Satzfragen** – ohne einleitendes Fragewort – werden in der indirekten Rede mit **„ob"** eingeführt.
Aber: Dies gilt nicht für sogenannte **W-Fragen** (eingeleitet mit: *wer, wann, wie, wo, warum, wieso.*)
„Wann kommst du zurück?"
Wann sie zurückkomme.

b) Der **Imperativ** (Aufforderung oder Befehl) wird in der indirekten Rede mit **„sollen"** oder **„mögen"** umschrieben.

Stelle dir vor,
du wärst Gerichtsreporter und müßtest über die folgende Gerichtsverhandlung einen Bericht schreiben:

(*R.* = Richter, *A.* = Angeklagter)

R. „Wann haben Sie beschlossen, das Auto zu stehlen?"

A. „Ich habe das eigentlich gar nicht beschlossen, es kam so über mich. Können Sie das verstehen?"

R. „Erzählen Sie keine Märchen! Sie haben Ihrer Freundin doch versprochen, sie mit einem Porsche abzuholen. Haben Sie diese Aussage schon wieder vergessen? Da Sie keinen Porsche besitzen, mußten Sie sich doch einen besorgen. Wollten Sie einen kaufen?"

A. „Nein, ich hatte doch dafür kein Geld."

R. „Also wollten Sie doch stehlen?"

A. „Irgendwie wollte ich mir schon einen Porsche billig besorgen."

R. „Bleiben Sie bei der Wahrheit!"

A. „Ich geb's ja zu, ich wollte einen Superschlitten klauen."

R. „Würden Sie das bitte noch einmal laut wiederholen?"

A. „Hören Sie schlecht?"

R. „Angeklagter seien Sie still! Ich muß Sie sonst wegen Mißachtung des Gerichts bestrafen."

A. „Na schön, ich gebe den Diebstahl zu. Was bekomme ich denn dafür?"

R. „Hat der Staatsanwalt noch Fragen? Das ist nicht der Fall. Das Gericht zieht sich zur Beratung zurück."

Ü 44

a) Rahme mit einem roten Stift alle Fragezeichen ein – hier handelt es sich um Fragesätze.

b) Rahme mit einem blauen Stift alle Ausrufezeichen ein – hier handelt es sich um Aufforderungssätze.

89

Aussageweisen (modus – modi)
Indikativ – Konjunktiv I – Konjunktiv II

 Gib das Gespräch nun in der indirekten Rede wieder!
Achte dabei auf alle Regeln, die du zur Wiedergabe von Gesprächen in der indirekten Rede gelernt hast:

a) Satzfragen werden mit „ob" eingeleitet!

b) Imperative werden mit „sollen" umschrieben!

c) Satzzeichen verändern sich: Doppelpunkte und Anführungszeichen verschwinden, ebenso Frage- und Ausrufezeichen!

d) Personalpronomen der 1. und 2. Person werden in die 3. Person gesetzt!

e) Bei den Verben muß der Konjunktiv I verwendet werden! (Ist die Form des Konjunktivs I gleich mit der Form des Indikativs, mußt du den Konjunktiv II verwenden!)

Denke auch daran: Verwende die Verben der Redeeinführung (siehe Ü 43) recht abwechslungsreich!

Du hast in der Regel über die Umschreibung des Imperativs der direkten Rede in der indirekten Rede gelernt, daß man entweder mit „sollen" oder mit „mögen" umschreibt.
(s. S. 89)

Welchen Unterschied gibt es bei der Verwendung?

1. Der Richter fordert den Angeklagten auf,
   a) er solle bei der Wahrheit bleiben.
   b) er möge bei der Wahrheit bleiben.

2. Der Feldwebel befiehlt dem Soldaten,
   a) er solle die Wahrheit sagen.
   b) er möge die Wahrheit sagen.

3. Der Lehrer bittet das Kind,
   a) es solle die Wahrheit sagen.
   b) es möge die Wahrheit sagen.

 Für welche der 2 Möglichkeiten würdest du dich jeweils entscheiden?

1. Der Richter fordert den Angeklagten auf,

_____

_____

2. Der Feldwebel befiehlt dem Soldaten,

_____

_____

3. Der Lehrer bittet das Kind,

_____

_____

90

Aufforderung und Befehl

Ü 47 Wovon hängt also der umschreibende Gebrauch der Verben „sollen" oder „mögen" in einem Aufforderungs- bzw. Befehlssatz in der indirekten Rede ab?

_____

_____

_____

_____

_____

Ü 48 Forme die Sätze der indirekten Rede in **Ü 46** in die direkte Rede um – achte dabei v. a. auf die Satzzeichen!

1. Der Richter fordert den Angeklagten auf _

_____

2. Der Feldwebel befiehlt dem Soldaten _____

_____

3. Der Lehrer bittet das Kind _____

_____

Ü 49 Setze in den folgenden Beispielsätzen die richtige Umschreibung – „sollen" oder „mögen" – ein:

1. Auf dem Fußballplatz ruft Karsten Udo zu, er _____ doch endlich den Ball abgeben.

2. Die Leihbücherei ermahnt Udo, er _____ bitte bis Donnerstag die ausgeliehenen Bucher zuruckgeben.

3. Der Lehrer schimpft mit Udo, er _____ Karsten nicht schlagen.

4. Udo fordert Karsten auf, er _____ ihn doch einmal besuchen.

5. Der Verkäufer schreit, man _____ den Dieb halten.

Aussageweisen (modus – modi)
Indikativ – Konjunktiv I – Konjunktiv II

 Übe noch einmal anhand dieser 5 Beispiele die Umwandlung in die direkte Rede.

Merke dir:

Regeln zur Grammatik

direkte/wörtliche Rede

1. Abwechslung in der Wahl der <u>Verben</u> der Redeeinführung; sie dienen u. a. zur <u>Charakterisierung</u> des Sprechers.
2. Zur <u>Zeichensetzung:</u>
   - steht immer nach einem Doppelpunkt
   - steht immer zwischen Anführungszeichen
   - Beachtung der Kommaregeln bei Einschüben
   - Groß- und Kleinschreibung beachten bei voran- und nachgestellter Redeeinführung.

indirekte/berichtende Rede

1. Abhängigkeit von einleitendem Satz bzw. Redeeinführung.
2. Es muß immer der Konjunktiv I (Präsens/Perfekt) gebraucht werden.
3. Bei Übereinstimmung der Form mit dem Indikativ: Gebrauch des Konjunktivs II.
4. Das Tempus in der indirekten Rede ist unabhängig vom Tempus der Redeeinführung, aber beachten: Vor-, Gleich-, Nachzeitigkeit!
5. Der Imperativ wird mit „sollen" oder „mögen" umschrieben.
6. Satzfragen ohne Fragewort werden mit „ob" eingeleitet.
7. Pronomen (Personal- und Possessivpronomen) in der 1. und 2. Person der direkten Rede werden in die 3. Person gesetzt.

Konjunktiv II

Konjunktiv II

A. Janetschek
Verteidigung des Konjunktivs

Die Umfunktionierer
unserer Sprache
nennen ihn überflüssig und veraltet

Sie plädieren
für seine Abschaffung
mit dem Hinweis
auf seine Schwierigkeiten

Doch wie drückt man
(beispielsweise)
Wünsche aus
im Indikativ?

Könnten wir uns abfinden
mit einer Sprache
ohne Flügel?

 Ü 51 Kannst du die Ansicht der
„Umfunktionierer unserer
Sprache" nachvollziehen?
Vielleicht hilft dir dabei der folgende Text:

Ich stelle mir vor, Mutter büke einen Kuchen
und vergäße, ihn aus dem Backofen zu nehmen. Daraufhin quölle er über und der Teig
flösse auf den Boden. Ich fände ihn dort und
würfe ihn weg. Mutter käme nach Hause und
würde sagen, ich löge ihr diese Geschichte nur
vor, weil ich so gerne Kuchen äße und das
hätte ich sicher getan. Schrecklich diese Vorstellung!

 Ü 52 a) Unterstreiche alle
Konjunktivformen in die-
sem Text!

b) Warum würdest du den Text so nicht
schreiben?

c) Welche Formen würdest auch du verwenden?

Aussageweisen (modus – modi)
Indikativ – Konjunktiv I – Konjunktiv II

Die Umschreibung des Konjunktivs

Der Konjunktiv kann in vielen Fällen umschrieben werden:

1. **„würde" + Infinitiv**
   Beispiel:
   Statt → „Ich <u>käme,</u> wenn ich Zeit hätte."
   Umschreibung: „Ich <u>würde kommen,</u>
                wenn ich Zeit hätte."
   Statt → „Ich <u>kaufte</u> mir ein Fahrrad,
                wenn ich Geld hätte."
   Umschreibung: „Ich <u>würde</u> mir ein Fahr-
                rad <u>kaufen,</u> wenn ich
                Geld hätte."

In der Alltagssprache wird diese Form
der Umschreibung oft gebraucht, weil
manche Konjunktivformen als gekün-
stelt und veraltet empfunden werden.
Viele Leute haben diese Formen auch
gar nicht mehr richtig gelernt! Zudem
unterscheiden sich – wie du ja weißt –
einige Formen des Konjunktivs nicht
von denen des Indikativs, auch dann
wird er häufig umschrieben. So kommt
es, daß allmählich auch da die Umschreibung verwendet wird, wo es eigentlich eine gültige Konjunktivform
gibt.
Aber: Liebhaber klanglich schöner
Sprache und Verfechter der historisch
gewachsenen Sprachnormen lehnen
diese Umschreibungsmöglichkeit ab.
Wenn dein Deutschlehrer dazu gehört,
ist der Gebrauch des Konjunktivs alle-
mal geschickter!

---

2. Der Konjunktiv kann auch mit Hilfe von
   Modalverben umschrieben werden *(mögen, können, dürfen, wollen, sollen,
   müssen.)*

Beispiele:

Was auch <u>kommen möge</u> , ich halte
durch.

Die Arbeit <u>könnte</u> bald <u>beendet sein</u> .

Das Buch <u>dürfte</u> wohl nicht zu schwer
<u>sein</u> .

Das <u>wolle</u> Gott <u>verhüten</u> .

<u>Sollte</u> ich nicht <u>können</u> , sage ich
Bescheid.

Er sagt, du <u>müßtest</u> ganz vorsichtig <u>sein</u>.

94

Die „gedachte Möglichkeit"

 Ü 53 Schreibe nun den Text aus **Ü 51** einmal so auf, wie du ihn formulieren würdest!

Ich stelle mir vor, Mutter würde . . .

 Ü 54 Setze diesen Text in die Vergangenheit!

Ich stellte mir vor, Mutter hätte . . .

 Ü 55 Versuche nun einmal – so wie der Autor Janetschek zu Beginn dieses Kapitels in seinem Gedicht es zum Ausdruck bringt –, Vorstellungen und Wünsche zu formulieren, ohne den Konjunktiv zu verwenden!

Zum Beispiel: Was wäre, wenn ich zaubern könnte?

a) Wie oft hast du in deinem Text doch den Konjunktiv verwendet? Warum?

b) Wie oft hast du den Konjunktiv mit „ich würde" umschrieben?

c) Hast du auch Wünsche im Indikativ geschrieben – als Aussagen in der Wirklichkeitsform?

Durch den **Konjunktiv II** macht der Sprecher deutlich, daß er sich einen Sachverhalt nur ausdenkt:
→ **gedachte Möglichkeit**

→ „Das Auto **ist** rot."	= **Tatsache,** Aussage in der Wirklichkeitsform
→ „Das Auto **wäre** rot."	= **gedachte Möglichkeit,** (ich stelle mir vor, . . .)

Merke dir:

Benutzt der Sprecher den **Konjunktiv II der Gegenwart,** so läßt er die Frage offen, ob die gedachte Möglichkeit noch Wirklichkeit werden kann oder nicht:
→ **Potentialis**

Ergänze weitere Beispiele:

Ich wollte, alle wären gerecht zu mir.

Wie sähe ich aus, wenn ich mich schminkte?

95

Aussageweisen (modus – modi)
Indikativ – Konjunktiv I – Konjunktiv II

Ergänze weitere Beispiele:

Ich stelle mir vor, Mutter hätte Kuchen gebacken.

Es wäre schön gewesen, wenn das Auto rot gewesen wäre.

_____

_____

_____

_____

_____

Merke dir:

> Benutzt der Sprecher den **Konjunktiv II der Vergangenheit,** so drückt er damit die Überzeugung aus, daß die gedachte Möglichkeit **nicht** Wirklichkeit werden kann:
> → **Irrealis**

 Ü 56 Stelle in der folgenden Tabelle den Sätzen im Konjunktiv II (Nichtwirklichkeit) die jeweils fehlende Form gegenüber!

Konjunktiv II – Nichtwirklichkeit –	
der Gegenwart **– Potentialis –**	**der Vergangenheit** **– der Irrealis –**
Ich würde gerne kommen.	
	Die Tulpen hätten blühen müssen.
Ich wünschte es, wäre wahr.	
	Er stellte sich vor, das Lob hätte sich herumgesprochen.
Ich wünschte mir längere Ferien.	
Ich wollte, ich fiele nicht durch.	
	Wenn ich Geld gehabt hätte, hätte ich mir ein Mofa gekauft.

Potentialis oder Irrealis?

 Ü 57 Potentialis oder Irrealis? Schreibe es jeweils hinter die folgenden Sätze a) bis i).

 Ü 58 Welche Sätze passen nicht in diese Aufgabe? Warum???

a) Wenn ich Durst hätte, würde ich trinken. _____

b) Gewänne ich im Lotto, kaufte ich ein Haus. _____

c) Hätte ich die richtigen Zahlen getippt, dann hätte ich mir ein Haus gekauft.

_____

d) Schriebe ich in der nächsten Arbeit eine gute Note, wäre ich gerettet.

_____

e) Sven erzählte, Katja hätte ihn gestern besucht. _____

f) Hätte es nicht geregnet, wäre ich gekommen. _____

g) Wäre ich Tarzan, brauchte ich nicht zur Schule gehen

h) Wäre ich Klaus gewesen, hätte ich mich rausgehalten. _____

i) Er sagte, er wäre schon ewig nicht mehr dagewesen. _____

Aussageweisen (modus – modi)
Indikativ – Konjunktiv I – Konjunktiv II

Alle Konjunktive auf einen Blick!

Konjunktiv I

a) Präsens:	indirekte Rede bei Gleichzeitigkeit zur Redeeinführung	er sagt,	er wisse er spreche er springe
b) Perfekt:	indirekte Rede bei Vorzeitigkeit zur Redeeinführung	er sagt,	er habe gewußt er habe gesprochen er sei gesprungen
c) Futur:	indirekte Rede bei Nachzeitigkeit zur Redeeinführung	er sagt,	er werde wissen er werde sprechen er werde springen

Konjunktiv II

a) Präteritum:	Nichtwirklichkeit der Gegenwart – Potentialis –	ich wünschte,	er wüßte er spräche er spränge
oder	Ersatzform für den Konj. I-Präsens, wenn mit dem Indikativ gleich!	evtl. Umschreibung:	er würde wissen er würde sprechen er würde springen
b) Plusquamperfekt: Nichtwirklichkeit der Vergangenheit – Irrealis –		ich wünschte,	er hätte gewußt er hätte gesprochen er wäre gesprungen
oder	Ersatzform für den Konj. I – Perfekt, wenn mit dem Indikativ gleich!		

Aktiv und Passiv
tätig – nicht tätig

Katja und Sven unterhalten sich darüber, was Aktiv – aktiv – und Passiv – passiv – bedeuten:

„Ich bin schon 2 Jahre Mitglied im Fußballverein."

„Spielst du selbst, also aktiv, oder gehst du zu den Spielen deines Vereins nur als Zuschauer?"

„Ne du, ich spiele aktiv in der C-Jugend. Nur passiv dabeistehen und zuschauen, so wie Klaus, würde mir keinen Spaß machen. Treibst du keinen aktiven Sport?"

„Doch, ich bin im Schwimmclub. Während ich aktiv an den Wettkämpfen teilnehme, sind meine Eltern nur passive Mitglieder. Ich glaub' fast, die können gar nicht schwimmen!"

„Organisieren die bei euch im Verein auch so viele Freizeitaktivitäten wie Sommerfest, Weihnachtsbazar und sowas?"

„Klar, das ist doch mit das Schönste!"

 Ü1 Versuche anhand dieses Gesprächs den Unterschied herauszufinden zwischen

aktiv _____

_____

und

passiv _____

_____

Also:

a) Sven **spielt** im Verein **selbst** Fußball, Katja **schwimmt selbst** im Club, beide sind **aktiv** – (sportlich) **tätig.**

b) Klaus **schaut** beim Fußball **zu,** Katjas Eltern sind zwar Mitglieder, **schwimmen** selbst aber **nicht,** sie sind **passiv** – (sportlich) **nicht tätig.**

Aktiv und Passiv
Tätiges Subjekt

 Rahme in den folgenden Sätzen das Subjekt ein, das etwas **tut** und von dem die **Handlung ausgeht!**

a) Katja schreibt einen Brief.
b) Sven bindet einen Strauß Blumen.

c) Katja berät Sven bei den Aufgaben.
d) Sven bittet die Mutter um ein Brot.
e) Katjas Vater plant ein Haus.

 Zeichne nun einen Pfeil zum Objekt der Handlung!

Beispiel: (Katja) schreibt einen Brief.

Ü 4 In welchem **Kasus** (Fall) stehen jeweils die **Zielpunkte der Handlung?**

Akkusativ / präp. Objekt

 Wie nennt man diese Satzergänzungen?
(siehe dazu: Mentor, Band 15, S. 102/103)

Akkusativ- / präpos. Objekt

 Formuliere selbst 3 Beispielsätze, in denen ein Subjekt tätig wird, mit einem Zielpunkt der Handlung = Akkusativobjekt!

a) _____

b) _____

c) _____

Ü 7 Schreibe aus den Beispielsätzen von **Ü 2** die Verben (im Infinitiv) heraus: _____

_____

Merke dir:

> Alle Verben, die ein Akkusativobjekt als Zielpunkt einer Handlung nach sich ziehen, nennt man **transitive – zielende – Verben.**
> Alle Verben, die **kein** Akkusativobjekt nach sich ziehen, nennt man **intransitive – nicht zielende – Verben.**

Transitiv oder intransitiv?

Ü 8   **Transitiv oder intransitiv?**

nehmen _____ *tr* _____

sitzen _____ *itr* _____

lösen _____ *tr* _____

versenken _____ *tr* _____

springen _____ *itr* _____

Ü 9   Es gibt einen einfachen Trick, wie man die Unterscheidung treffen kann:
Ergänze ein zum Verb passendes Akkusativobjekt!

(Geht das = transitiv,

geht das nicht = intransitiv!!)

a) er baut _____

b) er liebt _____

c) er wohnt _____

d) er sprengt _____

e) er tauscht _____

f) er kommt _____

g) er zeigt _____

h) er bleibt _____

Ü 10   Unterstreiche die Sätze, in denen du ein Akkusativobjekt ergänzen konntest.

Ü 11   Die zielgerichteten, transitiven Verben lauten also:

_____

_____

Ü 12   Die nichtzielenden, intransitiven Verben lauten also:

_____

Merke dir:

Die **transitiven Verben** drücken eine **Handlung** aus (bauen, tauschen) und erfordern ein **Akkusativobjekt**, d. h. **Antwort** auf die Frage: „**wen oder was?**"

Die **intransitiven Verben** bezeichnen
a) einen **Zustand** (wohnen, bleiben) oder
b) einen **Vorgang** (kommen)
und sie geben **keine Antwort** auf die Frage: „**wen oder was?**"

Aktiv und Passiv
Unterschiedliche Handlungsrichtung

Für die sprachliche Wiedergabe einer Handlung oder eines Geschehens gibt es zwei Möglichkeiten, die von der **Sehweise** abhängen:

a) Katja ruft Sven.

b) Sven wird von Katja gerufen.

a) Der Hund beißt die Katze.

b) Die Katze wird vom Hund gebissen.

a) Wir loben euch.

b) Ihr werdet von uns gelobt.

a) Das Subjekt tut selbst etwas = **aktiv**
b) Dem Subjekt wird etwas
   „angetan" = **passiv**

Ein und derselbe Vorgang – rufen, beißen, loben – wird sprachlich unterschiedlich wiedergegeben (a/b). Das Ergebnis bleibt, aber die Richtungen sind unterschiedlich:

a) das Subjekt „tut" etwas:
   Katja → Sven
   Hund → Katze
   wir → euch

b) dem Subjekt wird etwas „angetan":
   Sven von Katja
   Katze von Hund
   ihr von uns

a) Da Katja, der Hund und wir aktiv = tätig sind, nennt man diese Handlungsrichtung **Aktiv** .

b) Da Sven, die Katze und ihr passiv = untätig sind (seid), nennt man diese Handlungsrichtung **Passiv** .

 Ü 13 Welches Subjekt ist aktiv = welche Sätze stehen im **Aktiv**, welches Subjekt ist passiv = welche Sätze stehen im **Passiv?**

a) Sven wird vom Lehrer beraten. _____

b) Der Hund wird von mir gerufen. _____

c) Das Kind bittet die Mutter. _____

d) Ich rufe den Hund zu mir. _____

e) Die Türe wird vom Wind zugeschlagen. _____

Veränderte Handlungsrichtung

f) Der Lehrer berät Sven. _____d_____

g) Die Mutter wird vom Kind gebeten. _____P_____

h) Der Wind schlägt die Türe zu. _____d_____

 Ü 14   Rahme die **Subjekte** in den Aktiv-Sätzen **rot** ein!

 Ü 15   Rahme die **Täter** in den Passiv-Sätzen **blau** ein!

Nun kannst du folgendes feststellen:

(**Rot**)   sind alle Subjekte („Täter") eingerahmt, die aktiv, zielgerichtet handeln:

     das (Kind) bittet die Mutter

     (ich) rufe den Hund

     der (Lehrer) berät Sven

     der (Wind) schlägt die Türe zu

(**Blau**)   sind auch die „Täter" eingerahmt, aber Subjekte in diesen Sätzen sind die früheren Akkusativobjekte:

     | Die Handlungsrichtung | hat sich geändert!

     die Mutter wird vom (Kind) gebeten

     der Hund wird von (mir) gerufen

     Sven wird vom (Lehrer) beraten

     die Türe wird vom (Wind) zugeschlagen

Merke dir:

> Je nach Situation kannst du entweder eine Handlung **vom „Täter" aus** wiedergeben – **im Aktiv-Satz** – oder aber den **Gegenstand/die Person, auf den/die sich seine Handlung richtet,** in den Mittelpunkt stellen – im **Passiv-Satz**.

Aktiv und Passiv
Die Formen des Passivs

Vervollständige noch einmal die folgenden
Beispielsätze im Passiv:

a) die Mutter _____*wird*_____ vom Kind _____*gebeten*_____ (bitten)

b) der Hund _____*wird*_____ von mir _____*gerufen*_____ (rufen)

c) die Türe _____*wird*_____ vom Wind _____*zugeschlagen*_____ (zuschlagen)

| Formen von „werden" | + | Partizip Perfekt des Verbs |

(<u>Achtung:</u> Nicht verwechseln mit dem Futur!!
„das Kind <u>wird</u> die Mutter <u>bitten</u>")

Setze die 3 Beispiele in die Vergangenheitsform – Präteritum!

a) die Mutter _____*wurde*_____ vom Kind _____*gebeten*_____

b) der Hund _____*wurde*_____ von mir _____*gerufen*_____

c) die Türe _____*wurde*_____ vom Wind _____*zugeschlagen*_____

Merke dir:

**Die Passivformen werden gebildet durch die konjugierten (gebeugten) Formen von
„werden" + Partizip Perfekt des jeweiligen Verbs
oder
die konjugierten Formen von „sein" + Partizip Perfekt des jeweiligen Verbs + „worden".**

Die verschiedenen Zeiten

Und das sind die Formen in den verschiedenen Zeiten:

Präsens:	→ Die Mutter wird vom Kind gebeten.
Präteritum:	→ Die Mutter wurde vom Kind gebeten.
Perfekt:	→ Die Mutter ist vom Kind gebeten worden.
Plusquamperfekt:	→ Die Mutter war vom Kind gebeten worden.
Futur:	→ Die Mutter wird vom Kind gebeten werden.

Ü 18 Vervollständige die beiden Beispielsätze im <u>Passiv in allen Zeiten</u>!

a) Ich rufe den Hund.

Passiv Präsens: _wird von mir gerufen_

Passiv Präteritum: _wurde von mir gerufen_

Passiv Perfekt: _ist von mir gerufen worden_

Passiv Plquamperf.: _war von mir gerufen worden_

Passiv Futur: _wird von mir gerufen werden_

immer mit Partizip!

b) Der Wind schlägt die Türe zu.

Passiv Präsens: _wird vom Wind zugeschlagen_

Passiv Präteritum: _wurde   "   "   "_

Passiv Perfekt: _ist   "   "   "   worden_

Passiv Plquamperf.: _war   "   "   "   "_

Passiv Futur: _wird vom Wind zugeschlagen werden_

Aktiv und Passiv
Umformung ins Passiv

 Ü 19 Forme die folgenden Sätze vom Aktiv ins Passiv um! Achte dabei auf das richtige Tempus!

a) Jan <u>zeigte</u> dem Lehrer die Aufgaben.

Dem Lehrer wurden die Auf-

gaben von Jan gezeigt

b) Katja <u>wird</u> die Briefmarken <u>tauschen</u>.

Die Briefmarken werden von

Katja getauscht werden

c) Der Bautrupp <u>hat</u> den Felsen <u>gesprengt</u>.

Der Fels ist vom Bautrupp

gesprengt worden

d) Der Architekt <u>hatte</u> dieses Haus <u>geplant</u>.

Dieses Haus war vom Architekt

geplant worden

e) Der Laborant <u>überprüfte</u> die Wasserprobe.

Die Wasserprobe wurde vom

Laborant überprüft

f) Der Polizist <u>hat</u> die Unfallstelle <u>markiert</u>.

Die Unfallstelle ist markiert

worden

g) Der Elektriker <u>hatte</u> zuerst den Stecker aus der Steckdose <u>gezogen</u>.

Der Stecker war vom E. zuerst aus

der Steckdose gezogen worden

h) Der Maler <u>wird</u> die Decke <u>vorstreichen</u>.

Die Decke wird vom Maler vor-

gestrichen werden

Ü 20 Aus den <u>Subjekten der Sätze im Aktiv</u> (den „Tätern") wurde nach deiner Umformung ins <u>Passiv</u> jeweils eine <u>Ergänzung mit Präposition</u>.

a) Unterstreiche diese Satzteile rot!
b) Welche Präposition hast du verwendet?

106

Ergänzung mit Präposition

Merke dir:

> Was verändert sich, wenn man einen Satz vom Aktiv ins Passiv setzt?
> 1. **Das Subjekt** des Aktivsatzes wird im Passiv zu einer Ergänzung mit der Präposition „von" oder „durch".
> 2. **Das Akkusativobjekt** des Aktivsatzes wird im Passiv zum Subjekt des Satzes, weil es in den Vordergrund tritt.
> 3. **Das Verb** (immer transitiv) muß in die entsprechende Passivform umgewandelt werden unter Berücksichtigung des richtigen Tempus.

Vorbereitungen für das Sommerfest:
1. Beate malt Plakate. *Es werden Pl. gemalt*
2. Anne backt Kuchen.
3. Bernhard probt ein Theaterstück.
4. Jürgen stellt ein Trampolin auf.
5. Anke besorgt Bälle.
6. Marlies schreibt Einladungen.
7. Martina brät Würstchen
8. Dagmar baut eine Theke auf.
9. Annemie organisiert Spiele. *! Partizip = Präsens*
10. Jochen räumt die Mensa auf.

 Forme diese Sätze ins Passiv um!

 Unterstreiche in den Passivsätzen die „Täter" rot!

 Lies nun noch einmal deine Passivsätze und lasse die rot unterstrichenen Präpositionalergänzungen = Täter weg.

Geht das? *ja*

 Worauf kommt es bei den Sätzen im Passiv hauptsächlich an, was ist nebensächlich?

Objekt im Aktiv wird Subjekt vom Passiv!

Merke dir:

> **Wenn Sätze im Passiv stehen, spricht man von der „täterabgewandten Sehweise".**

Objekt → Subjekt

 Kannst du diese Formulierung begründen?

 „Jetzt wird die Stelle mit einem Filzstift markiert, das Ventil wird entfernt und der Schlauch getrocknet."
Kannst Du diesen Satz ins Aktiv setzen?
a) Wenn du festgestellt haben solltest, daß das nicht geht ... dann hast du recht! Warum geht's denn nicht?
b) Welche Information müßte im Aktiv zusätzlich gegeben werden?

 Man spricht hier vom sogenannten „täterlosen Passiv"!

Aktiv und Passiv
Der Gebrauch des Passivs

 Warum wird in den folgenden Textausschnitten der Täter nicht genannt?

a) Gestern Abend wurde eine 70jährige Frau beim Überqueren der Riedstraße angefahren und schwer verletzt. Der Täter beging Fahrerflucht.

unbekannt

b) Zwei der Polizei bekannte Jugendliche brachen vorgestern im Supermarkt „billig" ein. Dabei wurden Waren im Wert von einigen hundert Mark gestohlen.

Name aus Rücksicht nicht genannt

c) Das Rührgerät wird nur mit kaltem Wasser abgespült und so in den Schrank gestellt.

Täter unwichtig

d) „Ich habe zwar gesehen, wie die Fensterscheibe zerbrochen wurde. Wenn ich aber gefragt werde, wer es war, möchte ich dazu eigentlich nichts sagen."

Täter wird verheimlicht

 Der Gebrauch des Passivs dient z. B. auch als „Informationsriegel"!

Da man bei der passivischen Sehweise den Täter weglassen kann – was im Aktiv ja unmöglich ist, weil er dort als Subjekt des Satzes stehen muß – gebraucht man das Passiv, wenn:
a) der Täter unbekannt ist,
b) der Täter aus Rücksicht nicht genannt werden soll,
c) der Täter unwichtig ist,
d) der Täter verschleiert werden soll.

Du hast sicher einige Texte „erkannt": Du liest sie so oder ähnlich oft in der <u>Zeitung oder in Gebrauchsanweisungen.</u> Vielleicht hast du einen ähnlichen Satz wie in d) schon selbst einmal gesagt, um <u>niemanden zu verraten.</u>

<u>Aber: Eine Möglichkeit gibt es auch im Aktiv,</u> den Täter ungenannt zu lassen:

a) **Man** spült das Rührgerät nur mit Wasser.

b) **Man** hat die Fensterscheibe **zerbrochen**.

Vorgangspassiv

Vorgangspassiv

 Sehr häufig wird das <u>Handlungs- oder Vorgangspassiv</u> bei Gebrauchsanweisungen und <u>Vorgangsbeschreibungen</u> verwendet. Dazu die folgende Übung:

So flickst du ein Fahrrad

1. Lege das Werkzeug bereit: Schraubenschlüssel, 2 Mantelheber, Flickzeug und Gummilösung.
2. Drehe das Fahrrad und stelle es auf Lenkstange und Sattel.
3. Löse die Radmuttern und nimm das Vorderrad aus der Felge.
4. Löse die Ventilschrauben und ziehe das Ventil heraus.
5. Hebe den Radmantel an und ziehe ihn aus der Felge.
6. Nimm den Fahrradschlauch aus der Felge, schraube das Ventil wieder ein und pumpe ihn auf.
7. Überprüfe im Waschbecken, wo das Loch im Schlauch ist (Aufsteigen von Luftbläschen).
8. Markiere die Stelle mit einem Filzstift, entferne das Ventil wieder und trockne den Schlauch ab.
9. Rauhe die markierte Stelle mit dem Blechkratzer auf.
10. Streiche dünn Gummilösung darüber und laß sie leicht antrocknen.
11. Entferne von einem Gummiflecken die Folie und drücke sie fest auf den schadhaften Punkt.
12. Überprüfe im Wasser, ob die geflickte Stelle dicht ist und entferne danach wieder das Ventil.
13. Lege den trockenen Schlauch in die Felge und stülpe den Radmantel darüber.
14. Schraube das Ventil wieder ein und pumpe das Vorderrad auf.
15. Hänge das Rad mit der Achse in die Gabel und ziehe die Radmuttern wieder fest.
16. Stelle das Fahrrad wieder auf die Räder.

 Unterstreiche in dieser Vorgangsbeschreibung alle Akkusativobjekte blau!

 Unterstreiche alle zielgerichteten – transitiven – Verben rot!

 Forme nun diese Vorgangsbeschreibung ins Passiv um! Beginne so: *„So wird ein Fahrrad geflickt"*

Beachte:

1. Alle Akkusativobjekte (blau) werden zu Subjekten im Nominativ.
2. Alle transitiven Verben (rot) werden in die Passivform gesetzt.
3. Der „Täter" ist unwichtig (täterloses Passiv) – er fehlt in allen Sätzen.

Aktiv und Passiv
Zustandspassiv

Nenne den Unterschied:

a) Das Fenster **wird** geschlossen.
b) Das Fenster **ist** geschlossen.

Merke dir:

Im Passiv gibt es zwei Geschehensarten:
a) das **Vorgangspassiv** oder Handlungspassiv
b) das **Zustandspassiv**

Formen:
a) das **Vorgangspassiv** wird gebildet mit den konjugierten **Formen von „werden" + Partizip Perfekt des Verbs** (siehe Ü 16 und Ü 17)
b) das **Zustandspassiv** wird gebildet mit den konjugierten **Formen von „sein" + Partizip Perfekt des Verbs**

→ Reihenfolge im zeitlichen Ablauf?
→ In welcher Formulierung wird die Handlung gerade vollzogen?
→ In welcher Formulierung wird das Ergebnis der Handlung bezeichnet?
→ In welcher Formulierung wird ein Zustand beschrieben?

a) Die Bibliothek wird geöffnet.
b) Die Bibliothek ist geöffnet.

In der deutschen Sprache kann man durch den Gebrauch des Passivs in Verbindung mit den Hilfsverben „sein" und „werden" unterscheiden:

a) <u>Vorgang / Handlung</u> *(wird, wurde)*
b) <u>Zustand</u> *(ist, war)*

 Vorgangspassiv oder Zustandspassiv? (Verwende die Abkürzungen VP oder ZP.)

a) Das Geschäft ist geöffnet. _Zust-p_   *wird*

b) Die Fahnen werden aufgehängt. _Pa_   *sind*

c) Gegen den Fahrer wird ermittelt. _Pa_   *ist*

d) Die Haare waren gewaschen. _Zu_   *sind geworden*

e) Der Schulhof wurde gesäubert. _Pa_   *war*

f) Er ist seit Jahren verschwunden. _|_

weder das eine noch d... andere → Perfekt in ... Aktiv

Umformungsübung

g) Der Kuchen war aufgegessen. _Zu_

h) Der Film wird vorgeführt. _ist_ _P_

i) Die Mannschaft ist besiegt. _wird_ _Zu_

k) Die Sicherheit war überprüft. _ist worden_ _Zu_

l) Das Rad wird festgeschraubt. _ist_ _Pa_

m) Der Schatz wurde gehoben. _hat_ _Pa_

Merke dir:

Die Formen des Zustandspassivs:

Präsens: Die Bibliothek **ist geöffnet.**
Präteritum: Die Bibliothek **war geöffnet.**
Perfekt: Die Bibliothek **ist geöffnet gewesen.**
Plusquperf.: Die Bibliothek **war geöffnet gewesen.**

Im Vergleich dazu noch einmal:

Die Formen des Vorgangspassivs:

Präsens: Die Bibliothek **wird geöffnet.**
Präteritum: Die Bibliothek **wurde geöffnet.**
Perfekt: Die Bibliothek **ist geöffnet worden.**
Plusquperf.: Die Bibliothek **war geöffnet worden.**
Futur: Die Bibliothek **wird geöffnet werden.**

 Ü 34 Forme die Sätze, die im Vorgangspassiv stehen, ins Zustandspassiv um!

 Ü 35 Forme die Sätze, die im Zustandspassiv stehen, ins Vorgangs- oder Handlungspassiv um!

Beachte: Wähle das jeweils richtige Tempus! (Präsens – Präteritum)

 Ü 36 Warum gibt es vom Zustandspassiv kein Futur??

 Ü 37 Vergleiche die Formen und erinnere dich an **Ü 33.**

a) Er **ist** seit Jahren **gelaufen.**
b) Er **ist** seit Jahren **verschwunden.**
c) Er **ist** seit Jahren **vergessen.**
d) Es **ist** seit Jahren **fertiggestellt.**

Aktiv und Passiv
Zusammenfassung

c) Er ist seit Jahren vergessen worden.
Ergibt einen Sinn: **Zustandspassiv**

d) Es ist seit Jahren fertiggestellt worden.
Ergibt einen Sinn: **Zustandspassiv**

 Zwei Formen drücken ein Zustandspassiv aus, zwei Formen stehen dagegen im Aktiv!!

1. Zustandspassiv (Präsens) _____

_____

2. Aktiv (Perfekt) _____

_____

Um feststellen zu können, ob eine Verbform im Zustandspassiv (Präsens) steht, gibt es einen ganz einfachen Trick:

> Man fügt dem betreffenden Satz die Partizipform „worden" hinzu; ergibt der Satz dann immer noch einen Sinn, handelt es sich um ein Zustandspassiv!

Also:

a) Er ist seit Jahren gelaufen worden.
Ergibt keinen Sinn: **Aktiv – Perfekt**

b) Er ist seit Jahren verschwunden worden.
Ergibt keinen Sinn: **Aktiv – Perfekt**

Fassen wir noch einmal zusammen:

Das Passiv drückt eine Sehweise aus, die dem Aktiv entgegengesetzt ist. Während im Aktiv der „Täter" im Vordergrund steht, wird im Passiv das Geschehen selbst in den Vordergrund gerückt.
Das Passiv wird auch oft verwendet, um den „Täter" zu verschweigen: Informationsriegel.
Falsch ist es, vom Passiv als der „Leideform" zu reden. Zwar ist dies der Fall in dem Satz: „Das Kind wird geschlagen", aber auch dieser Satz: „Das Kind wird gelobt" steht im Passiv!
Die Beherrschung dieser Feinheiten unserer Grammatik hat aber auch noch einen weiteren Sinn: Sie erleichtern dir das Erlernen von Fremdsprachen und das Verständnis für deren Grammatik. Denn auch dort gibt es:
Aktiv und Passiv!!

Satzverknüpfung und -verdichtung
Nominalisierung beim Satzbau

Verknüpfen hat etwas mit Knoten zu tun. Gute Knoten geben in vielfältigen Situationen Halt und Sicherheit. Sie lassen sich aber auch leicht wieder lösen.

Dieses Bild kann man auch auf Sätze übertragen. Wer hätte es nicht schon erlebt, daß schlecht verknüpfte Sätze zu Schwierigkeiten führen?

Beim Verdichten denken Eingeweihte sicher sofort an die Motorentechnik. Durch eine hohe Verdichtung kann dort hohe (technische) Leistung erreicht werden.

Ähnliches ist auch in der Sprache möglich . . .

Im folgenden Kapitel lernst du Möglichkeiten zur Nominalisierung (Substantivierung) beim Satzbau kennen.

Zunächst aber erinnere dich:

1. Wenn Wörter wie Nomen gebraucht werden, schreibt man sie wie Nomen auch groß.
2. Verben und Adjektive können besonders häufig wie Nomen gebraucht werden.
3. Sie werden durch einen Artikel oder ein davorstehendes Mengen- oder Zahlwort (Numeral) substantiviert.

Es ist April. Katja und Sven besprechen sich in der Pause.

K: Kommst du heute Nachmittag mit auf eine Fahrradtour, Sven?

S: Du, ich habe mein Rad in diesem Jahr überhaupt noch nicht benutzt. Ich muß erst mal überprüfen, ob noch alles in Ordnung ist.

K: Dauert das lange?

Satzverknüpfung und -verdichtung
Nominalisierung beim Satzbau

S: Kommt drauf an. Mein Vater hat im Keller für die ganze Familie einen Fahrrad-Wartungsplan ausgehängt. Ich muß erst mal sehen, ob die Kiste überhaupt noch sicher ist.

K: Ich kann dir ja helfen. Ich komme um drei Uhr...

Im Kellerraum, in dem die Fahrräder der Familie stehen, hängt folgende Übersicht:

Vor Inbetriebnahme bitte beachten:

⑪ Einstellung der Handbremse

⑫ Überprüfung der Klingel

① Nachziehen der Sattelfeststellschraube

⑩ Nachziehen der Lenkerfeststellschraube

② Überprüfung der Rücktrittbremse

⑨ Kontrolle der Lichtanlage

③ Ölen der Radnabe

⑧ Ölen der Vorderachse

④ Spannen der Kette

⑦ Aufpumpen der Reifen, Überprüfen der Ventile auf Dichtigkeit

⑥ Überprüfen des Tretlagers auf Spiel, gegebenenfalls nachstellen

⑤ Wartung der Kette durch Einölen

K: Hallo, Sven. Was hast du denn schon alles erledigt?

S: Grüß dich, Katja. Schön, daß du kommst. Ich habe die Sattelfeststellschraube nachgezogen. Soeben überprüfe ich die Rücktrittbremse.

K: Kann ich schon mal die Radnabe ölen?

Sven wird mit Katjas Hilfe sein Fahrrad sicher bald startklar bekommen. Ist dir aufgefallen, wie sich die Anweisungen des Wartungsplans sprachlich durch das Handeln von Sven und Katja verändert haben?

Nominalisierung
Verbalisierung

1. Inhalt	**Nachziehen** der Sattelfeststellschraube	**Ich habe** die Sattelfeststellschraube **nachgezogen.**
2. Grammatik	Nominalisierung	Verbalisierung
3. Aufgabe/ Zielsetzung	allgemeine Anweisung für die Person, die ein Fahrrad in Betrieb nimmt	Beschreibung des Handelns nach Anweisung durch eine bestimmte Person (Subjekt und Prädikat machen daraus einen vollständigen Satz)

Ü 1 Katja und Sven setzen ihre Inspektion gemeinsam fort. Stell dir vor, sie führten das begonnene Zwiegespräch weiter. Schreibe es auf mit Hilfe der Vorgaben im Wartungsplan. Die Zahlen geben die aufgeführten Arbeitsschritte an!

S: ④ Nein, erst _____

_____

K: ③⑤ Jetzt können wir aber _____   _____

_____

S: ⑥ Ich habe _____.

Kein Spiel! _____

_____

K: ⑦ So, die Reifen _____.

Ich habe auch _____

Sie sind dicht.

S: ⑧ Wir müssen _____.

Satzverknüpfung und -verdichtung
Nominalisierung beim Satzbau

K: ⑨ Hilfst du mir mal _____ ?

S: ⑩ _____ ist _____

K: ⑪ Die Handbremse ist ja gar nicht mehr wirksam. Wir _____ .

S: ⑫ Zum Schluß sollten_____ .

Sie funktioniert. Jetzt kann es aber losgehen!

Merke dir:

> Wenn du Nominalisierungen in Kurzanweisungen auflöst, entsteht ein vollständiger Satz.
> Dabei wird aus dem Bestandteil, der wie ein Nomen gebraucht wurde, in aller Regel das
> Prädikat dieses Satzes.

Beispiel:

(Das) Ölen der Radnabe   Ich muß die Radnabe ölen.

↓

Nominalisierung   Verbalisierung

Katja und Sven radeln durch den Stadtwald.
Die Inspektion von Svens Fahrrad hat sich
gelohnt. Besonders auch das Ölen der Kette,
denn nach anfänglichen bedrohlichen Knack-
geräuschen läuft nun alles, buchstäblich wie
geschmiert.
An einer Waldwiese verschnaufen sie. Soeben
wollen sie ihre Räder ein Stück auf die Wiese
schieben, da zeigt Sven auf ein großes Schild:

Betreten verboten!
⊕Der Stadtdirektor

Verkürzung auf das Wesentliche

K: Was soll das denn?

S: Vielleicht ist neuer Rasen gesät worden.

K: Seh' ich nichts von. Im übrigen könnte man das als Grund dazuschreiben.

S: Dann würde aber der Text länger. Er müßte heißen:

Neuer Rasen! Betreten verboten!

K: Oder noch genauer:

Neuer Rasen auf der Wiese! Betreten verboten!

S: Wiese kannst du weglassen. Das Schild steht ja auf der Wiese. Da ist klar, was gemeint ist ...

 Nimm an, es handele sich tatsächlich um frisch nachgesäten Rasen. Du hast längst erkannt, daß der von Sven als Verbesserung vorgeschlagene Text eine Verkürzung der Information/Anweisung auf das Wesentliche ist: jeder, der das Schild auf dieser Wiese sieht, <u>kann</u> wissen, was gemeint ist.

Versuche einmal, Svens Text <u>zum eindeutigen</u> Verständnis in zwei vollständigen Sätzen auszudrücken!

Neuer Rasen!
(Information)

_____

_____

Betreten verboten!
(Anweisung)

_____

_____

 Sicher kannst du nun auch ein Satzgefüge (Hauptsatz/Nebensatz) konstruieren, in dem du die beiden Sätze, Information und Anweisung, unterbringst!

_____

_____

_____

In dieser letzten Übung hast du die Verkürzung durch vollverbalisierte Sätze erweitert. Zur Veranschaulichung der Möglichkeiten ein umgekehrtes Beispiel.

Satzverknüpfung und -verdichtung
Nominalisierung beim Satzbau

Bei den Sesselliftanlagen in Skigebieten begegnen dem aufmerksamen Skiläufer unterschiedliche Anweisungen der Betreibergesellschaften:

Aushang in den allgemeinen Beförderungsbedingungen in der Talstation

Das Schaukeln in den Sesseln ist strengstens verboten. Das Tragseil könnte dadurch von den Laufrollen springen.

Diese Anweisung mit Begründung ist an diesem Ort angemessen und verständlich.

Skipaßrückseite

Schaukeln in den Sesseln aus Gründen der Betriebssicherheit verboten!

Diese Anweisung ist eine Verkürzung aus den Beförderungsbedingungen. Sie dient der Erinnerung.

Schilder an den Pfeilern der Seilbahn

Schaukeln verboten!

An diesem Ort verständliche Kurzanweisung für die Benutzer.

Schild

An diesem Ort verständliche Anweisung auch ohne Worte.

Merke dir:

Man kann Anweisungen, aber auch Informationen bis auf Einwortsätze verkürzen, ohne daß die Verständlichkeit erheblich darunter leiden muß.
Voraussetzung ist allerdings, daß der örtliche, räumliche und sachliche Zusammenhang für den Adressaten erkennbar ist.
Die Kurzinformationen müssen sich dort befinden, wo sie gebraucht werden, die Kurzanweisungen dort, wo sie befolgt werden sollen.

Schlagzeilen – gekürzte Sätze

Weil sie auf der Wiese nicht rasten dürfen, fahren Katja und Sven weiter. Sie gelangen zu einem Kinderspielplatz. Dort ereilt Sven das Mißgeschick. Sein Vorderreifen ist platt.

S: So'n Mist. Hast du Flickzeug mit?

K: Klar! In der Werkzeugtasche . . .

Der Ausbau des Schlauchs ist für geübte Radfahrer eine Kleinigkeit. Während die Gummilösung trocknet, entdeckt Katja am nahegelegenen Kiosk Zeitungen. Genauer gesagt, auf die Entfernung erkennt sie nur die Schlagzeilen.

K: Sven, hör mal:

1 Schlankheitskur des Filmstars Ted Heuler

2 4:0! Bayern weiter im Aufwind

3 Hannover: Überfall auf Geldtransport

4 ADAC: Sicherheitsmängel bei Schulbussen

5 Explosion in Kölner Chemiewerk

6 Prinzenheirat: Unruhe im britischen Königshaus

7 Ostern – Verkehrschaos in Süddeutschland

8 Metallstreik – keine Einigung in Sicht

9 Führerschein für Mofa-Fahrer?

10 Kanalbau – Bedrohung der Tierwelt im Altmühltal

S: Na und?

K: Wie bei dem Schild. Lauter Verkürzungen.
Kannst du mit allen Schlagzeilen etwas anfangen?

S: Mit einigen schon, da klickt es bei mir. Ich habe nämlich gestern die Tagesschau gesehen . . .

Katja hat recht. Auch Schlagzeilen der Zeitungen sind Informationsverkürzungen. Anders gesagt: gekürzte Sätze.

 Untersuche die von Katja entdeckten Schlagzeilen.
Stelle fest, welche Wortarten wie häufig vorkommen!

Wortarten:	Nomen	Präpositionen	Artikel	Indefinitivpronomen	Adjektive	Zeichen
Anzahl:						

119

Satzverknüpfung und -verdichtung
Nominalisierung beim Satzbau

Ü 5 Untersuche die Schlagzeilen, in denen Zeichen enthalten sind. Stelle Gemeinsamkeiten fest.

Was wird durch die verwendeten Zeichen erreicht?

Ü 6 Versuche die Schlagzeilen zu vollverbalisierten Sätzen zu ergänzen!

Ü 7 Schlagzeile 1 und 10 enthalten einen Genitiv.
Welcher Satzteil entsteht dadurch bei der Umformung?

Ü 8 Schlagzeile 10 enthält die Nominalisierung eines Verbs (Bedrohung). In welchen Satzteil wird diese Nominalisierung bei der Umformung überführt?

Es geht auch umgekehrt!

Ü 9 Kürze die folgenden verbalisierten Schlagzeilen, indem du die Verbalausdrücke auflöst! Nominalisiere!

a) Beim Bankraub in Frankfurt flohen die Gangster mit der Geisel.

_____

b) Ein Geisterfahrer verursachte auf der Autobahn bei Aachen einen Massenunfall.

_____

oder: _____

c) Die Europäische Gemeinschaft vernichtet 1 Million Tonnen Obst.

_____

d) In den Allgäuer Alpen ereignete sich ein Lawinenunglück.

_____

e) Der Bundeskanzler wird von Moskau gelobt.
(Dabei weißt du, daß eine Stadt eigentlich
kein Lob aussprechen kann. Als aufmerksamer
Zeitungsleser weißt du aber auch, daß ‚Moskau'
die Kurzformel für ‚amtliche Regierungs-
stellen der UdSSR' ist.)

Verkürzungsübengen

_____

_____

oder: _____

f) Das Spitzenspiel wurde durch Elfmeter entschieden.

_____

g) Diebstähle von Fahrrädern nehmen zu.

_____

h) Der Starttermin für die Weltraumfähre bleibt ungewiß.

_____

i) Die Schülerzahlen gehen weiter zurück.

_____

k) Nach spannendem Wahlabend wurde das Endergebnis erst kurz vor Mitternacht bekanntge-
    geben.

ES IST NULL UHR. WIR GEBEN IHNEN NUN DAS ENDGÜLTIGE WAHLERGEBNIS BEKANNT...

_____

oder: _____

_____

Merke dir:

1. Bei Schlagzeilen und anderen bereits verkürzten Sätzen
   ersetzen Zeichen Wörter. Das können Präpositionen, aber
   auch Verbformen als Satzprädikate sein.

2. Bei der Umformung von Schlagzeilen und verkürzten Sätzen in vollverbalisierte Sätze wird aus Genitiven in der
   Regel das Subjekt des neuen Satzes.

3. Bei der Verkürzung von Sätzen zu Kurzinformationen oder
   Schlagzeilen werden Verben in der Regel nominalisiert.

Satzverknüpfung und -verdichtung
Nominalisierung beim Satzbau

„Katja, schau mal, was ich geschrieben habe", sagt Sven und hält ihr sein Deutschheft unter die Nase. „Wozu denn?" fragt Katja zunächst etwas verdutzt. Doch als sie das Bild sieht, ist ihr sofort alles klar. „Die Deutschaufgabe! Hatte ich fast vergessen, Sven", erwidert sie, bevor sie sich in Svens Text vertieft.

Die Schüler sollen zum abgebildeten Cartoon einen Text verfassen, der dem Bildinhalt gerecht wird.

Sven hat geschrieben:

Technischer Fortschritt

1. Beim Staatsbesuch des Präsidenten von U. in der Bundesrepublik zeigt sich die Auswirkung des kürzlich erst eingeführten Zweiwegefernsehens auf das Verhalten der repräsentationsgewohnten Bonner Bürger.

2. Schon kurz nach der Landung auf dem Flughafen Köln-Wahn mußte der Präsident in Begleitung des zum Empfang herbeigeeilten Außenministers nach Anhörung der Nationalhymnen das Abschreiten der Front einsam ohne Zuschauer vornehmen.

3. Bei der anschließenden Durchfahrt durch die Prachtstraßen der Bundeshauptstadt zum Palais des Staatsoberhauptes reagierte der Präsident sichtlich betreten auf das Fehlen jubelnder Menschenmassen.

4. Der Außenminister versuchte das Ausbleiben der Zuschauer mit der Einführung neuer Medien zu erklären und konnte erst durch Einschalten eines Monitors in der Staatskarosse zur Beruhigung und Besänftigung des hohen Gastes beitragen.

5. Der Blick auf den Schirm erbrachte die Bestätigung einer überraschend hohen Anteilnahme der Bonner Bevölkerung.

Veränderungen durch Nominalisierung

6. Hunderttausende blickten dem Präsidenten in Rückübertragung aus ihren Wohnungen entgegen.

7. Das Jubeln, Rufen und Winken nahm mit Einschaltung des hohen Gastes zu und übertönte deutlich das Pfeifen vereinzelt auftretender Demonstranten vor den heimischen Bildschirmen.

8. Die Zustimmung durch das Publikum erreichte die Heftigkeit herkömmlicher Staatsbesuche.

9. Unter Beachtung aller protokollarischer Regeln winkte der Präsident erleichtert zurück.

„Gelungen, Sven", sagt Katja. „Du triffst die Bildaussage ziemlich gut. Daß die Zuschauer alle winken, der Präsident zurückwinkt, sieht man zwar auf dem Cartoon nicht, es könnte aber so geschehen. Aber warum hast du soviele Nominalisierungen gebraucht?"
„Wen bitte?" fragt Sven verblüfft. „Na, die vielen Verben, die du in deinem Text zu Substantiven* gemacht hast. Das wirkt ja wie ein Zeitungstext . . ."

---

* Nomen

Ü 10 Unterstreiche im Text die von Katja gemeinten Nominalisierungen. Lege sodann in deinem Heft eine Übersicht nach folgendem Muster an und führe alle Nominalisierungen auf ihre zugrundeliegenden Verbformen zurück.

Nominalisierung	Verbform
die Auswirkung	sich auswirken

„Nehmen wir mal deinen ersten Satz", sagt Katja. „Ich formuliere ihn einmal anders, ohne daß der Sinn verloren geht:

Beim Staatsbesuch des Präsidenten von U. in der Bundesrepublik zeigte sich, wie sich die kürzliche Einführung des Zweiwegefernsehens auf das Verhalten der repräsentationsgewohnten Bonner Bürger auswirkte."

„Sechsundzwanzig", sagte Sven. „Was, sechsundzwanzig?" fragte Katja sichtlich etwas verwirrt. „Sechsundzwanzig Wörter. Eines mehr als in meinem Satz. Außerdem hast du zwar eine Nominalisierung beseitigt, dafür aber eine neue reingemogelt . . ."

Was meint Sven?

Ü 11 Untersuche die Veränderung!

1. Nominalisierung: aus ――――― wird ―――――
2. Verbalisierung: aus ――――― wird ―――――

Satzverknüpfung und -verdichtung
Nominalisierung beim Satzbau

Ü 12 Katja und Sven sind bisher auf die wichtige Veränderung in der Satzstruktur noch nicht eingegangen. Nimm ihnen diese Arbeit ab.

Svens 1. Satz ist:_____

Katjas Verbesserungsvorschlag besteht aus:

_____

_____

„Da wir nun schon einmal dabei sind", sagt Sven, „fällt mir noch eine weitere Möglichkeit ein:

Kürzlich wurde das Zweiwegefernsehen eingeführt. Wie sich das auf das Verhalten der repräsentationsgewohnten Bonner Bürger auswirkte, zeigte sich beim Staatsbesuch des Präsidenten von U. in der Bundesrepublik."

„Wiederum ein Wort mehr", stellt Katja fest, die sich nun ihrerseits ans Zählen gemacht hat. „Außerdem ein Satz mehr, zusätzlich zum Satzgefüge! Aber die Nominalisierungen unserer beiden anderen Sätze entfallen."

Ü 13 Was ist tatsächlich grammatisch geschehen?
Trage in die Kästen die <u>Bezeichnung der Satzart/des Satzteils</u> ein. Kreise in der rechten Spalte die hinzugefügten oder veränderten Wörter ein und bestimme sie grammatisch!

... des kürzlich erst eingeführten Zweiwegefernsehens ...

Kürzlich wurde das Zweiwegefernsehen eingeführt.

a) [   ]

b) [   ]

Beim Staatsbesuch des Präsidenten von U. zeigte sich die Auswirkung ... auf das Verhalten der repräsentationsgewohnten Bonner Bürger.

Wie sich das auf das Verhalten der repräsentationsgewohnten Bonner Bürger auswirkte,

c) [   ]

zeigte sich beim Besuch des Präsidenten von U. in der Bundesrepublik.

d) [   ]

124

Die richtige Mischung?

„Ich bleibe dabei, Sven", sagt Katja, „aber mit den Nominalisierungen in deinem Text hast du sehr übertrieben." „Klar", gibt Sven zu, „aber ich wollte einfach ein paar Sätze sparen. Durch unsere Umformungsversuche habe ich folgende grundsätzliche Möglichkeiten erkannt:

1. Ein substantiviertes*) Verb kann man wieder in die Verbform zurückführen, häufig wird es dann zum Prädikat.

2. Eine derartige Nominalisierung kann man durch einen Hauptsatz auflösen.
3. Es gibt außerdem die Möglichkeit der Umformung in einen Nebensatz."

Katja ergänzt: „Umgekehrt kann man Verben in Sätzen nominalisieren. Da die Verben jedoch zur Prädikatsgruppe gehören, verändert sich gleichzeitig auch die Satzstruktur."

---

*) nominalisiertes

Merke dir:

> Mit **Nominalisierung** von Verben kann man unter anderem Sätze, vor allem auch Nebensätze **einsparen.** Dadurch werden die Informationen in einem Satz **dichter.**
> Aber **Vorsicht!** Man kann Sätze auch **mit Informationen überladen.** Das geschieht nicht nur in den bekannten Schachtelsätzen, deren Struktur nur noch für Grammatikkünstler erkennbar ist, sondern ebenso durch eine Häufung von Nominalisierungen in einem Satz.
> **Welche Mischung** richtig ist?
> Das ist eine **Frage des Stils.** Und der Stil ist erst in zweiter Linie eine Frage der Grammatik, in erster Linie eine Frage der Verständlichkeit meiner Texte: kann ich dem Leser/Hörer meiner Sätze meine Mitteilungsabsicht eindeutig vermitteln?

Besonders unübersichtlich erscheint Satz 2 in Svens Text. Löse ihn im Sinne der angegebenen Zielsetzungen auf!

. . . des zum Empfang herbeigeeilten Außenministers . . .	Hauptsatz!
. . . Schon kurz nach der <u>Landung</u> auf dem Flughafen Köln-Wahn . . . der Präsident . . . <u>Anhörung</u> der Nationalhymnen . . .	verbalisieren! verbalisieren! Satzgefüge! (temporaler Nebensatz/ Hauptsatz)
. . . der Präsident . . . Außenminister das <u>Abschreiten</u> der Front einsam ohne Zuschauer vornehmen . . .	verbalisieren! Hauptsatz (temporal)!

Satzverknüpfung und -verdichtung
Nominalisierung beim Satzbau

Aus zwei mach einen oder: Nominalisierung kann getrennte Sätze verknüpfen

Das Rennen ist noch offen

1. Die deutsche Fußballmeisterschaft ist wieder offen.
   Der bisherige Spitzenreiter **gab** am vergangenen Samstag im Spiel beim Tabellenschlußlicht einen wichtigen Punkt **ab**.
2. Der Verfolger Borussia holte deutlich auf.
   Er **siegte** beim FC.
3. Borussia hatte vor kurzem den Mittelstürmer Schulz **verpflichtet.**
   Das bedeutete eine erhebliche Verstärkung.
4. Verteidiger Bissig wurde in diesem Spiel vom Platz gestellt.
   Er hatte seinen wendigen Gegenspieler Schulz **grob gefoult.**

5. Der Schiedsrichter **leitete** die Partie korrekt.
   Er wurde deshalb vom fairen Publikum mit Beifall bedacht.
6. Der Bundestrainer **beobachtete** einzelne Spieler.
   Diese Spieler zeigten erhebliche Nervosität.
7. Fanatisierte Fans **beschimpften** nach dem Schlußpfiff die erfolgreiche gegnerische Mannschaft.
   Das erregte den Zorn der fairen Sportler.

„Diese Übung ist einfach", sagt Sven. „Man muß nur das Prinzip begriffen haben." „Ganz so einfach finde ich das nicht", wendet Katja ein, „schließlich gibt es immer zwei Prädikatsgruppen in den Satzpaaren. Welche soll ich denn nominalisieren? . . ."

◁ **Ü 15** ▷ Fasse die Satzpaare zu einem Satz zusammen. Nominalisiere dabei die im Text gekennzeichnete Verbform. Denke an die Stilfrage. Es kann sein, daß du Wortreihenfolgen umstellen mußt.
Ein Tip: *mehrere Möglichkeiten entwerfen und dann entscheiden!*

„Ich möchte aber doch gerne wissen, Sven, was bei dieser Umformung grammatisch geschehen ist", sagt Katja. „Kann ich dir sagen", entgegnet Sven. „Nehmen wir am besten das 2. Satzpaar, weil es so schön übersichtlich ist!"

Veränderung des Prädikats

Ausgangssituation
Der Verfolger Borussia holte deutlich auf.
Er siegte beim FC.

(die Subjekte sind gleich, ‚*er*‘ geht im Subjekt
‚*der Verfolger Borussia*‘ auf!)

Veränderung
Durch einen Sieg beim FC holte der Verfolger
Borussia deutlich auf.

PRÄDIKAT	wird zur →	adverbialen Bestimmung des Mittels (instrumental)

 Ü 16 Diese Umbauweise liegt in
weiteren vier Sätzen vor.
Nenne diese Sätze und trage die genaue
Kennzeichnung der jeweiligen adverbialen
Bestimmung ein.

Satz Nr.   adverbiale Bestimmung

○ ⬚

○ ⬚

○ ⬚

○ ⬚

 Ü 17 Finde heraus, nach welchem
Muster die beiden restlichen
Sätze umgeformt wurden.
Benutze dabei das obige Schema!

Eine weitere Übung

Museum im Aufwind
1. Das Stadtmuseum **besteht** nunmehr zehn
Jahre.
In dieser Zeit wurden einhunderttausend
Besucher gezählt.
(adverbiale Bestimmung der Zeit)

2. Es **liegt** im Herzen der Stadt.
Das Museum ist gut erreichbar.
(adverbiale Bestimmung des Grundes)

3. Die Besucher **bezahlen** eine Anerken-
nungsgebühr als Eintritt.
Damit kann die Stadt die tatsächlichen
Kosten nicht abdecken.
(adverbiale Bestimmung der Art und Weise)

Satzverknüpfung und -verdichtung
Nominalisierung beim Satzbau

4. Die Museumsleitung hat für die augenblickliche Ausstellung einen mechanischen Webstuhl aus der Zeit der frühen Industrialisierung **aufgestellt.** Das bedeutet über die Stadtgrenzen hinweg eine besondere Attraktion.
(Prädikatsumformung des 1. Satzes . . .)

5. Viele Schulklassen **besuchen** das Museum. Das macht dort Unterricht in anderer Form möglich.
(Prädikatsumformung des 1. Satzes . . .)

6. Schüler und Lehrer **betrachten** unmittelbar Gegenstände aus der Vergangenheit. Dadurch wird die Anschaulichkeit des Unterrichts verbessert.
(adverbiale Bestimmung des Mittels)

7. Viele bisher nicht bekannte Texte von Arbeitern und Handwerkern aus jener Zeit **ergänzen** die Ausstellung sinnvoll. Dadurch wird die geschichtliche Wirklichkeit deutlicher.
(adverbiale Bestimmung des Mittels)

8. Auch die großen Zeitungen **loben** diese Ausstellung im Stadtmuseum. Damit werden weitere Besucher angelockt.
(adverbiale Bestimmung des Mittels)

 Forme diesen Text um. Benutze für die Nominalisierung die Möglichkeit, die in der jeweiligen Klammer angegeben ist.

„Puh", stöhnt Sven, „mit der Unterscheidung der adverbialen Bestimmungen habe ich meine Schwierigkeiten." „Ich auch noch", ergänzt Katja, „aber ich habe mir die Grammatik vorgenommen und eine Tabelle erstellt, mit der es jetzt leichter geht." „Zeig mal", sagt Sven und blickt neugierig in Katjas Heft . . .

adverbiale Bestimmungen	Beispielsätze
1. des Ortes (Lokalbestimmung)	Beim Einlaufen in das Stadion verletzte sich ein Spieler.
2. der Zeit (Temporalbestimmung)	Während des zehnjährigen Bestehens des Vereins gab es ausschließlich Erfolge.
3. des Grundes (Kausalbestimmung)	Wegen der Heimkehr der Eltern wurde das Spiel der Kinder unterbrochen.

Beispielsätze

adverbiale Bestimmungen	Beispielsätze
4. des Zwecks (Finalbestimmung)	Für seine richtige Antwort wurde Sven vom Lehrer gelobt.
5. der Folge (Konsekutivbestimmung)	Zu meiner großen Erleichterung wurde die Mathematikarbeit heute nicht zurückgegeben.
6. der Bedingung (Konditionalbestimmung)	Unter der Beobachtung des Bundestrainers zeigten einige Spieler erhebliche Nervosität.
7. der Einlassung (Konzessivbestimmung)	Trotz erheblicher Erwartung guter Leistung erfüllten die Spieler ihre Aufgabe nicht.
8. der Art und Weise (Modalbestimmung)	Mit der Bezahlung einer Anerkennungsgebühr als Eintritt können die tatsächlichen Kosten nicht abgedeckt werden.
9. des Mittels (Instrumentalbestimmung)	Mit einem Kopfnicken verabschiedete sich der Meister.

Na und? – Sie haben's doch gehört: die Spieler sind eingelaufen...

 Ü 19 Löse Katjas Beispielsätze auf, indem du jeweils zwei Hauptsätze bildest.
Achte auf das Umformungsmuster:

Aus der adverbialen Bestimmung	wird →	ein Prädikat!

1. <u>Beim Einlaufen in das Stadion</u> verletzte sich ein Spieler.

Die Spieler <u>liefen</u> in das Stadion <u>ein</u>.
Dabei verletzte sich dort ein Spieler.

Satzverknüpfung und -verdichtung
Nominalisierung beim Satzbau

Katja, die in ihrer Schule Schülersprecherin ist, ist verwirrt. Soeben hat sie eine schriftliche Mitteilung des Schulleiters an die SV erhalten. Sie studiert den Text und kommt nicht weiter. Sven kommt dazu.

S: Was machst du denn für ein Gesicht? Lach doch mal!

K: Hier, lies!

S: Hast du etwas anderes erwartet?

K: Das ist es ja nicht. Das mit der Ablehnung war mir klar.
Ich verstehe ganz einfach diesen Satz nicht.

S: Zeig noch mal . . .

Der Satz lautet:

Bei der Ablehnung des Antrags der Schülermitverwaltung auf Veränderung der Pausenzeiten für Schüler handelt es sich nach Meinung der Schulleitung und unter Beachtung und Würdigung aller entsprechenden Vorschriften um ein richtiges Ausüben des Ermessens.

S: Die haben ganz einfach Kommas vergessen. Vermutlich ist das auf so einer Computerschreibmaschine geschrieben worden, in die keine Zeichen einprogrammiert worden sind.

K: Glaube ich nicht.

S: Der Satz hat 34 Wörter. Das paßt gar nicht alles in einen Hauptsatz hinein.

K: Doch Sven. Zähl mal die großgeschriebenen Wörter!

S: 13. Also mehr als ein Drittel.

K: Schwant dir was?

S: Nein.

K: Ich glaube, durch die vielen Nominalisierungen von Verben (Prädikatformen) sind Sätze zu Satzgliedern zusammengezogen und in einem Hauptsatz untergebracht worden . . .

 Überprüfe die Richtigkeit von Katjas Vermutung.
Welche Bedingungen müßten erfüllt sein, wenn Sven recht hätte?
Nimm die Lernergebnisse aus dem 1. Kapitel zu Hilfe!

1. Welche subordinierenden Konjunktionen

   kommen vor? ————————

2. Welche Relativpronomen entdeckst du?

   ————————————————

Folgerung: ————————————

————————————————

3. Wie viele Subjekte und Prädikate gibt es?

   ————————————————

Folgerung: ————————————

————————————————

Katja liegt also mit ihrer Einschätzung richtig. Es handelt sich um einen Hauptsatz mit meh-

Auflösung komplexer Hauptsätze

reren Adverbialen und Ergänzungen. Selbstverständlich erschweren derartige Sätze die Verständigung, obwohl sie nach den Regeln der Grammatik gebildet werden können. Häufig benutzt die Behördensprache einen ähnlichen Stil.

Diese komplexen Hauptsätze widerlegen die Vorstellung, Hauptsätze seien grundsätzlich eindeutig, einfach und überschaubar.
Zur besseren Übersicht ist der Satz noch einmal in anderer Anordnung aufgeschrieben worden:

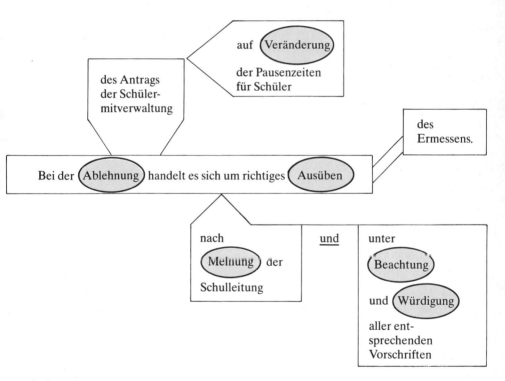

◆ Ü 21 ◆ Löse diesen komplexen Satz in Einzelsätze, gegebenenfalls in Satzgefüge auf. Verbalisiere dabei die gekennzeichneten Nominalisierungen. Bemühe dich, möglichst jede Aussage in einem eigenen Satz unterzubringen. Daß du dabei geringfügig ergänzen darfst, ist selbstverständlich.

◆ Ü 22 ◆ Versetze dich nun in die Rolle des Schulleiters, der der SV nicht nur eine grammatisch richtige, sondern eine verständliche Mitteilung schickt. Wenn Du Schwierigkeiten mit dem Begriff ‚Ermessen' hast, schlag bitte nach!

Satzverknüpfung und -verdichtung
Nominalisierung beim Satzbau

Merke dir:

* Es gibt Sätze, die grammatisch zwar richtig aufgebaut sind, aber dennoch schwer verständlich bleiben. **Der Aufbau** dieser Sätze **ist kompliziert.** In der Regel werden in diesen Fällen vom Schreiber/Sprecher **zu viele Informationen** in einen Satz oder in ein Satzgefüge gepackt. Das verhindert eine glatte Verständigung, sofern der Adressat der Sätze nicht ebenfalls Grammatikkünstler ist.

* Die Art und Weise **wie Sätze, Satzreihen und Satzgefüge gefüllt** und als Texte verwendet **werden,** prägt den **Sprachstil** entscheidend.
  Ob eine Satzaussage oder ein Gesamttext verständlich sind, ist nicht allein die Frage richtiger Grammatik. Es ist vielmehr ebenfalls eine Frage des **ausgewogenen Umgangs mit sprachlichen Mitteln,** die die Grammatik zuläßt. Dabei muß ein Schreiber/Sprecher den Zweck und den Adressaten beachten.

* Der Schreiber/Sprecher soll sich, wenn er seine Mitteilungsabsicht im Kopf hat, fragen:
  – **mit welcher Satzkonstruktion** bringe ich meine Gedanken am wirkungsvollsten zum Ausdruck?
  – **welche Begriffe** bezeichnen die Sachverhalte zutreffend, die ich mitteilen möchte?
  – werde ich **Schachtelungen** in unübersichtlichen Satzgefügen **vermeiden?**
  – werde ich **Nominalisierungen zweckmäßig verwenden,** das heißt werden sie der besseren Satzübersicht und damit der Verständlichkeit dienen?

Wettkampf im Hochgebirge
Beim Aufstieg auf den Sechstausender entdeckten die Bergsteiger frische Spuren einer anderen Expedition.
Trotz genauen Absuchens der Umgebung mit Ferngläsern konnten sie aber den Verbleib der Konkurrenten nicht entdecken.
Während dieses Halts geriet der letzte Mann ins Rutschen und verursachte eine erhebliche Gefährdung.
Ein Abstürzen der gesamten Gruppe konnte nur durch das beherzte Handeln des Expeditionsleiters verhindert werden.
Durch geistesgegenwärtiges Einhaken des Eispickels in eine Eisspalte vermied er ein Unglück ...

Nach Erreichen des Gipfels waren alle Expeditionsmitglieder erschöpft.
Das Fehlen von Sauerstoff machte sich in dieser gewaltigen Höhe bemerkbar.
Die Auswirkung auf den menschlichen Organismus zeigte sich in Müdigkeit und Atemnot.
Trotz Spürens der großen Anstrengung brachte der freie Blick über die gewaltigen Gebirgsketten reichlich Entschädigung.
Beim Fotografieren der Gruppe durch Selbstauslöser schwenkte der Spaßvogel die mitgebrachte Vereinsfahne.
Die Entdeckung der Annäherung der anderen Gruppe an den Gipfel bereitete den Erstbesteigern nunmehr keine Sorgen.

Umformung und Stilübung

Die Begrüßung beider Expeditionen war trotz der Wettkampfsituation freundschaftlich. Der Beschluß zum gemeinsamen Abstieg war schnell getroffen. Unter gegenseitigem Halten und Sichern an gefährlichen Stellen gab es auf dem Weg zurück ins Tal keine Probleme mehr.

Doch nach der Ankunft im Zwischenlager machte sich die Anstrengung in völliger Erschöpfung aller Teilnehmer bemerkbar.

 Ü 23 Forme diesen Text um, indem du möglichst viele Nominalisierungen auflöst.
Denke dabei daran, daß du aus Gliedern der Hauptsätze ganze Sätze (Gliedsätze) entstehen lassen kannst. Probiere mehrere Möglichkeiten aus, bevor du dich für ein Satzgefüge/einen Satz entscheidest.

Ü 24 Forme diesen Text nach einer Stilüberprüfung so um, daß das Verhältnis von Nominal- und Verbalstil deinem Geschmack entspricht. Löse also nur die Nominalisierungen auf, die gezwungen wirken.

133

Funktionsverbgefüge
Verbindungen aus Verben und Nomen

Verben spielen in Sätzen eine wichtige Rolle. Als Wortart beschreiben sie Tätigkeiten und Handlungen, als Prädikate legen sie die wichtigen Satzaussagen fest.
Neben Verben in einfacher Form werden auch feste Verbindungen aus Verben und Nomen verwendet.
Hier werden unterschiedliche Möglichkeiten der Verwendung vorgestellt...

Katja ist bedrückt. Sven will der Sache auf den Grund gehen.

S: Was ist denn los?
K: Herr Löwenzahn hat einen Brief nach Hause geschickt. Das war vielleicht ein Ärger!

S: Berichte mal genauer!
K: Na, ich hab doch neulich in der Deutschstunde so mit der Andrea rumgealbert. Du erinnerst dich doch, daß er mich mehrfach ermahnt hat und dann schließlich richtig wütend geworden ist. Anschließend hat er einen scharfen Brief an meine Eltern geschrieben.
Hier, du kannst ihn auch lesen. Ich soll ihn heute unterschrieben vorzeigen.

Das Schreiben lautet:

> *Sehr geehrte Frau Schulz,*
> *sehr geehrter Herr Schulz!*
> *Leider muß ich Ihrer Tochter Katja einen Tadel erteilen.*
> *Sie hat am Mittwoch eine erhebliche Störung des Unterrichts verursacht, weil sie wiederholt mit ihrer Nachbarin geschwatzt hat. Ich mache ihr den Vorwurf, daß sie auf meine wiederholten Ermahnungen nicht reagiert hat.*
> *Deshalb habe ich den Entschluß gefaßt, Ihnen über die Angelegenheit Mitteilung zu machen.*
> *Mit freundlichem Gruß*
> *Löwenzahn*

Umformung in einfache Verben

S: Na, so schlimm ist das ja auch nicht. Du weißt doch, daß der nichts nachträgt. Aber der Stil des Schreibens ist schon interessant. Warum schreibt er nicht ‚tadeln'? . . .

 Ü 1

Unterstreiche in jedem Satz das Prädikat. Vergleiche die Prädikate!

Überprüfe Svens Vorschlag in der folgenden Gegenüberstellung:

1. Ich muß Ihrer Tochter einen Tadel erteilen.
2. Ich muß Ihre Tochter tadeln.

Merke dir:

> An Stelle vieler einfacher Verben kann eine **Verbindung eines Verbs mit dem Akkusativ eines Nomens** treten. Die Bedeutung bleibt in diesem Fall gleich.

Ü 2 Überprüfe das Schreiben des Herrn Löwenzahn auf weitere Verbindungen aus Verb und Verbalnomen und forme sie in einfache Verben um!

	Verb + Verbalnomen (Akk)	einfaches Verb
1.	einen Tadel erteilen	tadeln
2.		
3.		
4.		
5.		

Funktionsverbgefüge
Verbindungen aus Verben und Nomen

Sven hat die Aufgabe, über die letzte Geschichtsstunde ein Protokoll zu schreiben.
Sein Text lautet:

In der Geschichtsstunde hielt Dirk ein Referat über die Anfänge der Französischen Revolution.
Damals faßte die Ständeversammlung mit großer Mehrheit den Beschluß, sich zur Nationalversammlung zu erklären und eine Verfassung zu errichten.
Der König gab schließlich unter dem Druck der revolutionären Ereignisse seine Zustimmung.
Nach langen Diskussionen konnte die Nationalversammlung Einigung über die Verfassungsartikel erzielen.
(Am 26. August 1789 erfolgte die Erklärung der Menschenrechte.) Die entmachteten Feudalherren übten heftige Kritik an den Leitworten Liberté, Egalité, Fraternité.
Sie vertraten die Meinung, von Gott in ihre Vorrangstellung eingesetzt worden zu sein ...

◁ Ü 3 ▷ Unterstreiche die Verbindung von Verb und Verbalnomen in diesem Text. Schreibe die Verbindungen heraus und ordne die entsprechenden einfachen Verben zu!

	Verb + Verbalnomen (Akk)	einfaches Verb
1.		
2.		
3.		
4.		
5.		
6.		

Verb und Verbalnomen statt einfacher Verben

 Ü 4 Schreibe den Text unter Benutzung der einfachen Verben um!

Umgekehrt geht es auch . . .

1. Manche Politiker meinen, die Länder der Dritten Welt trügen selbst Schuld an ihrem Elend.

2. Viele Wissenschaftler behaupten dagegen, die Industrienationen hätten diese Armut verursacht.

3. Niemand kann so recht die Richtigkeit der einen oder anderen Ansicht schlüssig beweisen

4. Ungeachtet dieser Streitfrage ist es die Verpflichtung der reichen Länder, im Ausgleich für die gewaltige Rohstoffausbeutung der Vergangenheit zur Finanzierung wirkungsvoller Entwicklungshilfe beizutragen .

5. Die meisten reichen Staaten haben sich inzwischen entschlossen, in den Ländern der Dritten Welt Hilfe zur Selbsthilfe zu finanzieren.

6. Auch die Verantwortlichen der Weltbank einigten sich auf großzügige Hilfen.

U 5 Suche für die gekennzeichneten *einfachen Verben* eine Entsprechung aus Verb und Verbalnomen (Akk)!

	einfaches Verb	Verb + Verbalnomen (Akk)
1.		
2.		
3.		
4.		
5.		
6.		

Funktionsverbgefüge
Verbindungen aus Verben und Nomen

Sven ist krank. Diphtherieverdacht. Deshalb
mußte er zur Beobachtung in eine Klinik.
Er darf zur Zeit keinen Besuch empfangen,
obwohl es ihm schon besser geht.
Katja schreibt ihm:

Lieber Sven,

es tut mir sehr leid, daß Du krank bist und
keinen Besuch empfangen darfst. Deshalb will ich
Dir rasch Nachricht geben, wie es mit der Planung
unserer Klassenfahrt steht. Herr Löwenzahn hat
beim Schulleiter den Antrag für die letzte Maiwoche
gestellt. Er hat gleichzeitig Tanja den Auftrag
gegeben, der Jugendherberge zu schreiben. Als
weibliche Begleiterin will sich Bernds Mutter
für die Zeit von ihrer Firma Urlaub geben
lassen.
Ich habe nun keine Zweifel mehr, daß alles
glatt gehen wird. Ich wünsche Dir gute Besserung.
Hoffentlich bist Du bald wieder zu Hause, damit
ich Dir einen Besuch machen kann.
♡ lichst
Deine Katja

Feste Verbindungen

Auch in diesem Brief kommen feste Verbindungen aus Nomen und Verb vor. Unterstreiche diese Verbindungen im Text. Trage sie anschließend in die Übersicht ein!

	Verbindung aus Nomen + Verb	entsprechende Verben
1.		
2.		
3.		
4.		
5.		
6.		
7.		

Suche nun Verben, die die Bedeutung der festen Verbindungen übernehmen können und trage auch sie in die Übersicht ein.

 Stelle fest, welche Gemeinsamkeiten die gefundenen Verben haben.

Merke dir:

> Es gibt **Verben,** die von **Nomen** abgeleitet werden.
>
> Beispiel: be **Nachricht** igen.
>
> Diese Verben können jedoch auch durch das **Nomen,** von dem sie abgeleitet wurden, und **ein anderes Verb/Hilfsverb** ersetzt werden.
> Diese Verbindung aus **Nomen** und **Verb/Hilfsverb** hat die gleiche Bedeutung wie das abgeleitete Verb.
>
> Beispiel: eine **Nachricht** geben.

 Kennzeichne nun bei den abgeleiteten Verben durch Unterstreichen die *Ableitungsnomen!*

Funktionsverbgefüge
Verbindungen aus Verben und Nomen

Ein Text mit abgeleiteten Verben . . .

1. Die gute Klassengemeinschaft und das positive Auftreten in der Jugendherberge hat die Herbergseltern beeindruckt.

2. Das schöne und sonnige Wetter während dieser Zeit hat die Stimmung aller Beteiligten sicher beeinflußt.

3. Auch Herr Löwenzahn hat die Klasse nach der Rückkehr für ihr vorbildliches Verhalten beglückwünscht.

4. Die Schüler der 8 d haben ebenfalls in ihren Schilderungen gegenüber ihren Eltern die Fahrt günstig beurteilt.

5. Für die Abschlußfahrt in zwei Jahren haben sie allerdings auch schon eine längere Reise beansprucht.

6. Nach der augenblicklichen Meinung würde die Klasse eine Fahrt nach Berlin bevorzugen.

7. Auch bei Herrn Löwenzahn hat sich das Urteil gefestigt, daß man Klassenfahrten als wichtigen Bestandteil schulischer Erziehung bewerten muß.

Ü 9 Unterstreiche alle Verben, die von Nomen abgeleitet wurden. Ihr Erkennungsmerkmal kennst du bereits.
Trage sie anschließend in die Übersicht ein.
Versuche nun, eine Entsprechung aus einer Verbindung von Nomen und Verb zu finden!

	abgeleitete Verben	Verbindungen aus **Nomen + Verb**
1.		
2.		
3.		
4.		
5.		
6.		
7.		

Aus Verbindungen abgeleitete Verben

 Ü 10 Formuliere anschließend den Text unter Verwendung der von dir gefundenen Verbverbindungen um!

 Ü 11 Gesucht sind die abgeleiteten Verben der folgenden Sätze!

1. Der Verlag hat das Buch reichlich mit <u>Bildern</u> ausgestattet.

2. Der Heimleiter sagte <u>Dank</u> für die Spende der Klasse.

3. Der Pfiff des Schiedsrichters brachte das langweilige Spiel zu <u>Ende.</u>

4. Die Journalisten stellten anschließend <u>Fragen</u> an die Trainer.

5. Der Kanzler sagte <u>Ja</u> zur deutschen Geschichte.

6. Ich könnte einen <u>Eid</u> darauf leisten, daß ich Benjamin gestern im Eisstadion gesehen habe.

7. Der Antrag hat den <u>Zweck,</u> eine Diskussion in der Klasse über ein Sommerfest zu eröffnen.

8. Herr Müller gibt seiner Frau die <u>Vollmacht,</u> Geld von seinem Konto abzuheben.

Die Verben heißen:

1. _____

2. _____

3. _____

4. _____

5. _____

6. _____

7. _____

8. _____

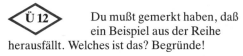

 Ü 12 Du mußt gemerkt haben, daß ein Beispiel aus der Reihe herausfällt. Welches ist das? Begründe!

Ü 13 Forme nun die Sätze mit den von dir gefundenen Verben um!

Begründung der Jury zur Verleihung des „Goldenen Trichters" für ML 17:

Mentor Lernhilfe

Grammatik

7./8. Klasse

„Der Verlag hat das Buch reichlich mit Bildern ausgestattet!"

| **Ein Tip:** |

Wenn du weitere Verben finden willst, die von Nomen abgeleitet werden, schlage im Wörterbuch unter der Vorsilbe be- nach!

Funktionsverbgefüge
Verbindungen aus Verben und Nomen

Katja ist ziemlich aufgekratzt.

K: Ich ziehe in Erwägung, einem Turnverein beizutreten.

S: Spinnst du?

K: Wieso? Sport ist doch gesund. Und in der Schule haben wir ohnehin eine Stunde zu wenig.

S: Das meine ich doch nicht. Ich finde deine Sprache in letzter Zeit sehr seltsam. Ich ziehe in Erwägung! Wie das klingt!

K: Wenn dich diese Wendung stört, mußt du mir schon etwas anderes vorschlagen . . .

 Ü 15 Unterstreiche das Prädikat!

 Ü 16 Kannst du diesen Satz ohne Bedeutungsverlust kürzen?
Wie lautet er?

_____

_____

_____

Merke dir:

> Es gibt feste Verbindungen aus **Präposition, Nomen** und **Verb,** die ohne Bedeutungsverlust durch ein einfaches Verb ersetzt werden können.

Streit über die Erwägung?

1. Katjas Entschluß, einem Turnverein beizutreten, wird von Sven nicht in Zweifel gezogen, wohl aber die Formulierung, mit der sie dieses Vorhaben ankündigt.

2. Sven hat seinen Unmut über diese geschraubte Redensweise unmißverständlich zur Sprache gebracht.

3. Auseinandersetzungen wie diese sind häufig Scheingefechte und lassen ihre Freundschaft nicht in die Brüche gehen.

4. Bevor sie ihre Beziehung ernsthaft in Gefahr bringen, stellen sie Meinungsverschiedenheiten zur Diskussion.

5. Beide verstehen es, sich bei ungerechtfertigten Angriffen mit geeigneten sprachlichen Mitteln zur Wehr zu setzen.

Ü 14 Überlege, warum Sven diese Redewendung kritisiert!
Ich ziehe in Erwägung . . .

Präposition + Nomen + Verb

Unterstreiche die Präp + Nomen + Verb-Verbindungen in den Sätzen. Trage sie in der Grundform in die Übersicht ein.
Suche einfache Verben mit einer Bedeutungsentsprechung!

	Präposition + Nomen + Verb	Verb
1.		
2.		
3.		
4a.		
4b.		
5.		

Ü 18 Schreibe den Text mit den gefundenen einfachen Verben um. Überprüfe, ob er nun Svens Forderungen eher entspricht!

Aus einer Zeitungsmeldung:

Bonn. Gestern brachten die Koalitionsparteien im deutschen Bundestag das Gesetz über die Steuerbefreiung für Katalysator-Autos zur Abstimmung...

Ü 19 Kennzeichne die feste Verbindung aus Präposition + Nomen + Verb in dieser Zeitungsmeldung. Kannst du ein entsprechendes einfaches Verb finden?

Ü 20 Kannst du die Absicht des Zeichners ermitteln?

Funktionsverbgefüge
Verbindungen aus Verben und Nomen

Merke dir:

> Es gibt feste Verbindungen aus **Präposition, Nomen und Verb,** für die sich **kein** einfaches Verb als Entsprechung finden läßt.
> Diese Verbindungen kommen – wie andere Nominalisierungen auch – häufig in Zeitungstexten vor.
> Sie sind im Laufe der Zeit zu stehenden Redewendungen geworden. Wenn man einige dieser Verbindungen allerdings wortwörtlich nimmt, entstehen heitere Situationen.

Das neue Konzept heißt Fernwärme

1. Die Stadt München hat ein neues Heizkraftwerk in Angriff ⎯⎯⎯⎯⎯⎯⎯.

2. Dabei wird auch die Versorgung der nördlichen Stadtteile mit Fernwärme in Betracht

   ⎯⎯⎯⎯⎯⎯.

3. Der neue Versorgungsplan ⎯⎯⎯⎯⎯⎯ bisherige Konzepte in Frage.

4. Experten hoffen, daß durch dieses Projekt die Bauwirtschaft in Bewegung

   ⎯⎯⎯⎯⎯⎯.

5. Die Firma Baulöwe ist für den Auftrag in die engere Wahl

   ⎯⎯⎯⎯⎯⎯.

Baulöwe..
Ihr Partner!

6. Die Konkurrenzfirma hat den Auftraggeber deswegen erheblich unter Druck

   ⎯⎯⎯⎯⎯⎯.

7. Die Opposition im Rathaus wird die bekanntgewordenen Unregelmäßigkeiten bei der

   Vergabe der Aufträge zur Sprache ⎯⎯⎯⎯⎯⎯.

Präposition + Nomen + Verb

Ü 21 Fülle die Lücken. Unterstreiche die Verbindung aus Präposition + Nomen + Verb. Trage diese Verbindung in der Grundform in die Übersicht ein.

	Präposition + Nomen +(Verb)	Verben/Verbverbindungen, die die Bedeutung auch übernehmen können
1.		
2.		
3.		
4.		
5.		
6.		
7.		

Ü 22 Die oben aufgeführten festen Verbverbindungen haben keine Entsprechung in einem einfachen Verb. Suche andere Bedeutungsträger, die du in die rechte Spalte eintragen kannst!

Ü 23 Untersuche Zeitungstexte auf ähnliche Verwendungen. Sammle Verbindungen aus Präposition, Nomen und Verb, die mehrdeutig sind. Wenn es dir möglich ist, zeichne diese Mehrdeutigkeit!

Worterklärungen der wichtigsten Fachausdrücke

Adjektiv	Eigenschaftswort
Adverb	Umstandswort
adverbiale Bestimmung	Umstandsbestimmung der Zeit, des Ortes, des Grundes, der Art und Weise, des Zwecks, der Bedingung
Adverbialsatz	ein Gliedsatz (Nebensatz), der aus Zeit, Art- oder einer Begründungsangabe besteht
Adversativsatz	entgegensetzender Gliedsatz
Akkusativ	4. Fall
Akkusativobjekt	Ergänzung im 4. Fall
Aktiv	Sehweise des Verbs, bei der der „Täter" im Vordergrund steht (Tatform)
Apposition	Beisatz
Artikel	Geschlechtswort, bestimmt oder unbestimmt
Attribut	Satzgliedteil, Beifügung
Attributsatz	Nebensatz, der die Stelle eines Attributs einnimmt
Dativ	3. Fall
Dativobjekt	Ergänzung im 3. Fall
Deklination	Beugung des Substantivs in den 4 Fällen
deklinieren	Beugen des Substantivs in den 4 Fällen
Demonstrativpronomen	hinweisendes Fürwort
direkte Rede	wörtliche Rede
Femininum	weibliches Hauptwort/Geschlechtsform
Finalsatz	Zielsatz
Flexion	Beugung der Verben (Konjugation), Substantive (Deklination) und Adjektive (Komparation)
Futur	Zukunft
Genitiv	2. Fall
Genitivobjekt	Ergänzung im 2. Fall
Genus	grammatisches Geschlecht (Maskulinum, Femininum, Neutrum)
Gliedsatz	Nebensatz
Imperativ	Befehlsform
Imperfekt	Vergangenheitsform (Präteritum)
Indikativ	Wirklichkeitsform des Verbs
indirekte Rede	nichtwörtliche, berichtende Rede
Infinitiv	Grundform des Verbs
Infinitivsatz	erweiterter Infinitiv, der durch Komma abgetrennt wird

Worterklärungen der wichtigsten Fachausdrücke

intransitives Verb	nichtzielendes Tätigkeitswort
Irrealis	gedachte Möglichkeit, die nicht Wirklichkeit werden kann – Konjunktiv II
Kasus	Fall
Kausalsatz	Begründungssatz (Adverbialsatz)
Komparativ	Steigerungsform des Adjektivs
Konditionalsatz	Bedingungssatz (wenn-Satz), (Adverbialsatz)
Konjugation	Beugung des Verbs nach den Zeitformen
konjugieren	Beugen des Verbs
Konjunktion	Bindewort
Konjunktionalsatz	Gliedsatz mit Bindeworten
Konjunktiv	Möglichkeitsform des Verbs
	Konjunktiv I der indirekten Rede
	Konjunktiv II der gedachten Möglichkeit
Konsekutivsatz	Folgesatz
Konsonant	Mitlaut
Konzessivsatz	Einräumungssatz
Maskulinum	Geschlechtsform: männlich
Modalsatz	Gliedsatz der Art und Weise (Adverbials.)
Modalverb	Tätigkeitswort, das ein Geschehen oder eine Aussage in bestimmter Weise kennzeichnet (können, sollen, müssen, etc.)
Modus Modi	Aussageweise (Indikativ, Konjunktiv, Imperativ)
Neutrum	Geschlechtsform: sächlich
Nomen	Hauptwort, Substantiv
Nominativ	1. Fall
Nominalstil	Ausdrucksweise, bei der hauptsächlich Nomen verwendet werden
Numerus	Zahl (Singular, Plural)
Objekt	Satzglied: Ergänzung
Objektsatz	Gliedsatz, der an die Stelle eines Objekts tritt
Partikel	Wörter, die nicht gebeugt werden (Adverbien, Konjunktionen, Präpositionen)
Partizip	eine Form des Verbs: Mittelwort
Passiv	Sehweise des Verbs, bei der das Geschehen im Vordergrund steht, „Leideform"
Perfekt	Zeitform: vollendete Gegenwart
Personalpronomen	persönliches Fürwort

Worterklärungen der wichtigsten Fachausdrücke

Plural	Mehrzahl
Plusquamperfekt	Zeitform: vollendete Vergangenheit
Posssivpronomen	besitzanzeigendes Fürwort
Prädikat	Satzglied: Satzaussage/Satzkern
Prädiaktsnomen	zur Satzaussage (Prädikat) gehörendes Substantiv oder Adjektiv
Präposition	Verhältniswort
Präpositionalobjekt	Satzglied, Ergänzung mit Verhältniswort
Präsens	Zeitform: Gegenwart
Präteritum	Zeitform: Vergangenheit
Pronomen	Fürwort (Personal-, Possessiv-, Demonstrativ-, Indefinit-, Relativpronomen)
Reflexivpronomen	rückbezügliches Fürwort
Relativpronomen	bezügliches Fürwort
Relativsatz	Gliedsatz, der mit einem bezüglichen Fürwort (Relativpronomen) eingeleitet wird
Satzarten	Aussagesatz, Fragesatz, Aufforderungssatz
Satzgefüge	Gesamtsatz, bestehend aus Haupt- und Gliedsatz
Satzglied	Teil des Satzes, der sich umstellen läßt, ohne daß sich der Sinn des Satzes verändert
Singular	Einzahl
Subjekt	Satzglied: Satzgegenstand (steht immer im Nominativ)
Substantiv	Hauptwort, Nomen
Superlativ	höchste Steigerungsform des Adjektivs
Temporalsatz	Zeitsatz (Adverbialsatz)
Tempus	Zeitform des Verbs (Präsens, Präteritum, Perfekt, Plusquamperfekt, Futur I und II)
Verb	Zeitwort, Tätigkeitswort
Verbalstil	Ausdrucksweise, bei der hauptsächlich Verben verwendet werden
Vokal	Selbstlaut
Wortarten	Substantiv, Adjektiv, Verb, Artikel, Pronomen, Präposition, Adverb, Konjunktion, Interjektion (Ausrufewort)

Stichwortverzeichnis